부이어 연가

권현숙 지음

BANDO

권현숙

(국립) 한국방송통신대학교 국어국문학과 학사
안양대학교 교육대학원 독서논술창작교육학과 석사
2013. 율목시민문학상 최우수상 수상
2017. 〈한국문인〉 신인상 시부 당선
한국문인협회 과천시부 회원
시인촌 회원

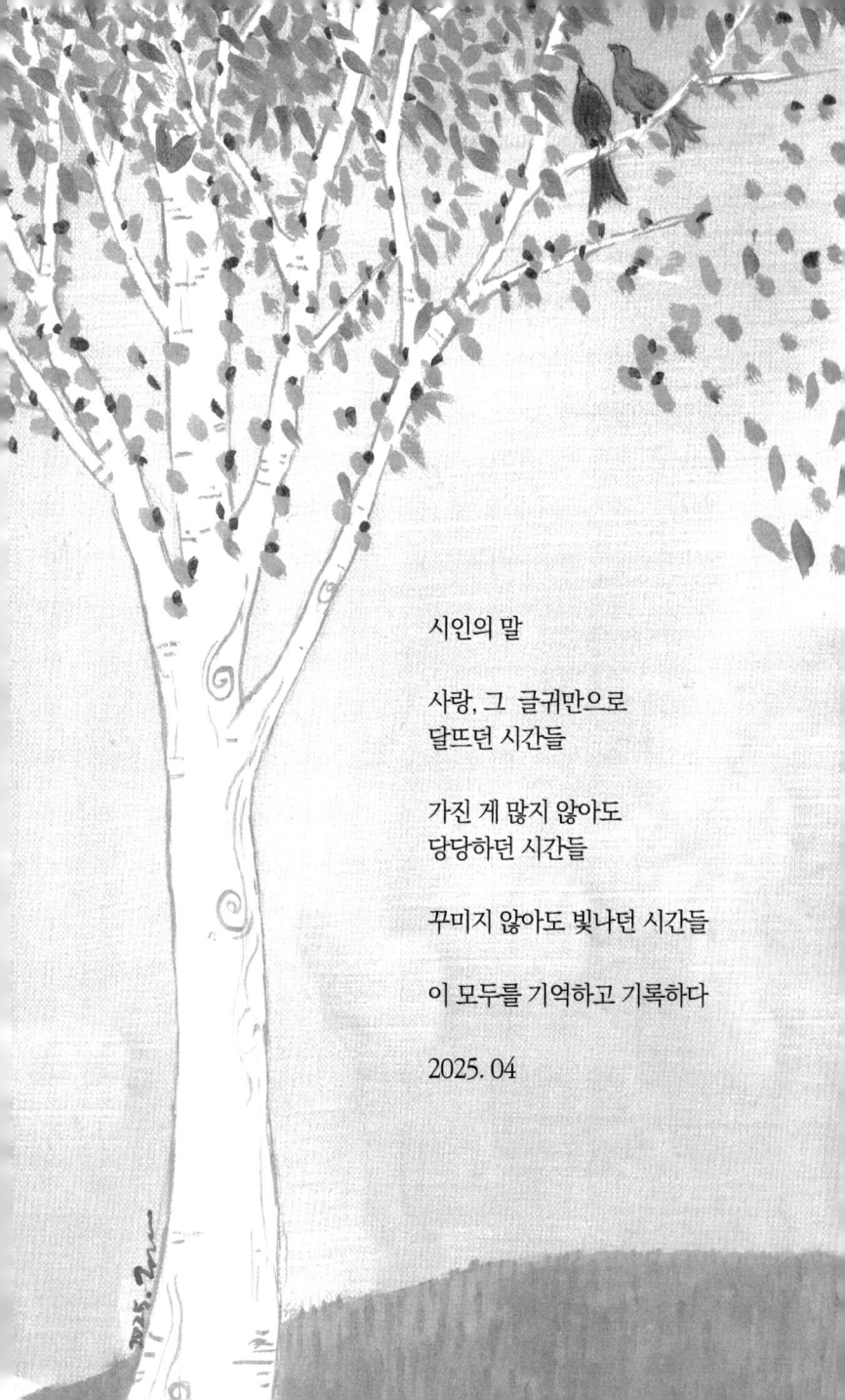

시인의 말

사랑, 그 글귀만으로
달뜨던 시간들

가진 게 많지 않아도
당당하던 시간들

꾸미지 않아도 빛나던 시간들

이 모두를 기억하고 기록하다

2025. 04

목 차

1부. 계절 안부

봄이 오는 길목에서 • 10
춘몽 • 12
봄 안부 • 14
마른 꽃잎 • 16
나무 아래에서 • 18
청춘을 기억하다 • 20
아침 산 • 22
아침이슬 • 23
청보리 소리 • 24
수다쟁이 • 26
소나기 • 27
외출 • 28
벚꽃1 • 29
벚꽃2 • 30
벚꽃3 • 31
그리움의 계절 • 32
꽃비 • 34
숙제 • 35
감꽃 • 36
여름 산 • 37
코스모스 • 38
우산 • 39
가을 • 40

2부. 누구세요

그런 나였으면 • 42
카페 • 43
카푸치노 • 44
금잔화 • 46
비상전화 • 47
유선전화기 • 48
휴대폰 • 49
누구세요 • 50
일러두신 그리움 • 52
오늘 쓰는 편지 • 54
재회 • 55
둘은 다른 하나 • 56
몸살 • 57
빗장 • 58
쉼표 • 60
인사 • 61
혼자인 게 싫어 • 62
사랑의 변 • 64

3부. 부이어연가

그대를 사랑합니다 • 66
사랑에 대한 기억 • 68
그리움의 무게 • 69
부이어연가 • 70
이어달아 • 71
하나의 심장 • 72
멈춤 • 73
하늘 • 74
상처 • 76
길 • 77
길2 • 78
변명 • 79
싱거운 이야기 • 80
꿈에서 했다고요 • 81
여행 • 82
낙엽 아래로 • 84
당신의 하루 • 86

4부. 위로, 늘 서툴다

개미와 베짱이 • 88
당구장에 피터 팬이 있다 • 90
고무줄 • 92
둘이 걸어가기 • 94
우문현답 • 95
약속 • 96
하루 • 97
줄다리기 • 98
위로, 늘 서툴다 • 100
뒤란지기 • 102
살굿빛 그늘 • 104
목걸이 • 105
사랑 • 106
나이 • 108
손톱 끝에 매달리다 • 110
살아보니 • 112
이유 • 114
마음에 걸어두고 • 115
해답 찾아가기 • 116

5부. 늙은 오이

엄마의 콩국수 • 118
명절 이야기 • 120
늙은 오이 • 122
떠나던 날 • 124
이제 이야기해야지 • 126
바이러스 • 127
바람결에 • 128
짠 냄새 지우기 • 129
깜냥깜냥 • 130
쪽빛 허리 • 132
손수건 • 134
혈육 인연 • 136
노인과 노온 • 138
걱정이다 • 140

평론 • 141

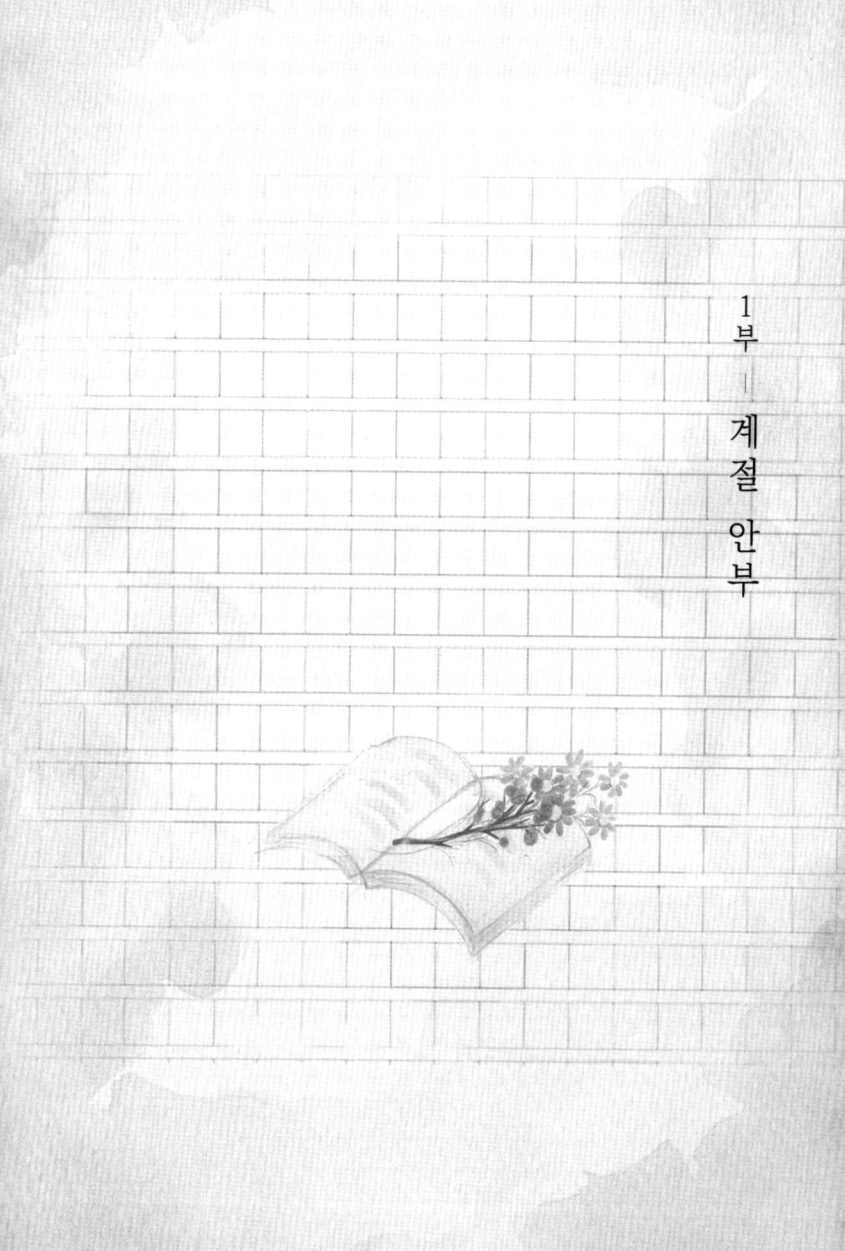

1부

계절 안부

봄이 오는 길목에서

겨울을 견뎌내는 건
움트는 계절이
숨겨둔 이야기라네

겨울을 견디는 건
문밖 세상 자리를
남겨두는 것

계절의 설렘이
흔들리며
되돌아오네

봄이 오는 길목에서
아픈 선택을 하고도
끝내 자유롭지 않은 계절

그런 계절일지라도
다시 일으켜 마중하는 것

춘몽

꿈에서 만나는 그대는
젊고 근사합니다

현실에서 만나는 그대는
고단한 어른입니다

꿈에서 사랑하는 그대는
팔베개 내주는 이입니다

현실에서 만나는 그대는
곁을 내주지 못하는
분주한 어른입니다

만나고 사랑하는 일들이
만만치 많아 내내 야속합니다
그럼에도 그대를 사랑합니다

봄기운으로 봄바람으로
그대 꿈속으로 찾아가렵니다

시린 겨울을 담은 이에게
봄바람이 전하는 춘몽으로
다정하게 찾아가렵니다

봄 안부

우울이 덮여 있던 일상이
가려는 길 멈칫거리게 합니다
일상에 갇힌 까닭에
가는 이유도 잊은 걸음도
다시 향하려 합니다
그대가 있기에
그만큼 가보려 합니다
여백에서 시작한 이야기는
아프고 그립고 아립니다
어쩌지 못할 서러움도
가슴에 맺힌 시린 넋두리도
하루를 허덕거리게 합니다
언제쯤 폴짝이는

철모를 기쁨을 만들 수 있을까요
그대의 오늘이 어떠하든
지치고 무딘 일상에 갇혀진
우울의 뚜껑을 열 수 있을 겁니다
내일의 희망으로
우리의 일상과 안식을 찾아갈 겁니다
그대의 하루는 어떠하신가요
여전히 목련이 좋으신가요
여전히 맑은 미소를 지으시나요
가끔 봄비를 마주하고 있나요
그대에게 계절 안부를 이리 전할까 합니다

마른 꽃잎

바사삭바사삭
등산객 발에
마른 꽃잎들이 차이네

벌들을 매혹하던
건강한 속살들이
부스러기 잔해들로 남았네

달콤한 꽃향기는
여름 허공으로 옮겨져
열매를 맺을 것이네

쉽사리 만족하지 못하고
이치와 이재에 눈 감고
오늘 너머 내일은 외면하네
물러나야 할 때
열매 속 가득 숨어드니
던지려던 마음 초라해지네

나무 아래에서

여린 싹이 뿌리내려
무던하게 버티기

때에 맞는 옷으로
치장하기

풍성한 잎사귀로
그늘을 내어주기

소박한 모습으로
고만고만한 열매 맺기

바람에 흔들리며
이제야 소리를 내는 곳

시간도 필요하고
인내도 필요하고
손길도 필요하네

오고 가는 햇살 아래
다음 계절 바람이 부네

청춘을 기억하다

청춘이라
무엇이든 할 수 있다고
마음먹기로 하였습니다

부서질 아픔
단념 모를 열망
푸르게 감내하기로 합니다

세상이 말하는 이유들
미련 없이 물러서리라
헛장담도 하였습니다

가질 수 없는 것들
헛욕심을 내기도 하였습니다

힘겨운 오늘의 끝은
비슷한 내일로 이어집니다

열망에 들뜨기도 했던
청춘의 시간이 지나갑니다

빈 껍데기 메마른 중년이
민낯을 드러냅니다

아침 산

산을 오르려니
찬 기운이 오스스
가을이 내려앉아 있네

차디찬 이 계절
소복한 황금 눈송이
폭신폭신 덮여 있네

간섭할 수 없는 세월
거역할 수 없는 계절
그 바닥 아래 누워 있네

아침이슬

밤사이
내린 이슬
작은 풀꽃들이 품고 있네

아침나절
작은 풀들 그 위
맺혀 있는 이슬이 영롱하네

이슬 품은 산 아래
사라질 향기를 옅게 품고
새들이 소리 내네

청보리 소리

청보리 흔들리네
그 흔들림에
귀가 열리네

쉽지 않은
삶의 상식을
자꾸 질문하네

말하고자 하는
그것이
어디로 통하는지
묻고 답해 보네

마음으로 소박하고
입으로 정직하여
발걸음으로 부지런하면
소소한 행복은 용납될 것이네

인생 물음은
역시 비움으로
답을 찾아야겠지

소소한 일상은
커피의 풍미로
행복 더하기하네

초록 보리는
커피 애(愛)만큼
초록 그늘로
마음의 위로를 주네

수다쟁이

비가 내린다

재잘재잘
비가 내린다

비 장난
요란하다

장난기 가득
소란스러운 비

그런 비가 내린다

소나기

잠시 발이 묶였다

짧게 야단하듯
비가 내린다

땅이 젖은 만큼
잎사귀 촉촉하다

소란스러운 비에
깨어난 넝쿨

건조한 흔적들은
잠시 어리둥절

아차차 생기롭구나

외출

고단한 일상이
걸린 손톱은
자주 망가져요

흔들리는 일상
보상하듯
매니큐어 발라요

매니큐어로
당장은 건강하다
거짓말하기도 해요

외출하는 날에
꽃을 올리듯
루비도 달고 진주도 달지요

벚꽃 1

절절한 계절 지나
꽃잎으로 옵니다

감추었던 꽃송이
이제야 피워냅니다

허기진 겨울 지나
향기로운 꽃들이 찾아듭니다

벚꽃 2

무심한 마음이
다행으로 젖어드는 시간
화사한 봄이 나옵니다

말랑말랑 이 계절
평온하고 짧게
조우하는 시간

천천히 가까워진 만큼
빠르게 다가서고
짧게 흔들립니다

그럼에도
설레고 흔들리니
봄이라 핑계합니다

벚꽃 3

자유롭지 않을 꽃나무
벚꽃 흩날리니
초록 세월이 밀려드네

앞서는 걸음들
누구로부터인지
알 수 없는 질문들로
밀려다니며 부유하네

소소리바람 짓에
돌담 곁으로도
계절은 밀려다니네

흔들리는 바람 너머
향기를 물고
꽃비처럼 꽃눈처럼
푸르른 계절을 기약하네

그리움의 계절

그리움이 깔리는 길을 걷자니
계절 기분이 울컥하고
존재하나 무심하다

같이 하고 싶은 그 많은 날들
기다리며 간직하려는 날들
손꼽아보네

칸칸이 채우기도 부족한
그 시간들 그날들

스며드는 그리움
틈틈이 마주하는 아쉬움
떨쳐내는 마음

계절이 밀려오니
기다림을 떨구는 계절
그 무심함이 쏟아지네

꽃비

세월의 상처
서툰 위로의 말들이
꽃비처럼 흩어지네

꽃들을 마주하고
아픔은 견디라 하니
상처는 오래도록 남았네

숙제

계절 따라
햇살 따라
바람 따라 자랐네

그래 너는
이만큼 왔구나

건네는 안부에
나의 대답은
"잠시 멈춤"

감꽃

어른으로 감당할 이유들이
때로 올바르지 않기에
서글픈 고갯짓을 한다

비루한 질문들과
충실한 해법 사이에서
겸손한 고갯짓을 한다

넉넉한 실망들
조심스러운 위로들
어른이라 조심스럽게 살아낸다

여름 산

뜨거운 여름 산
여름 바람결 향로
정성 들이지 않은 꽃

상큼한 침샘
꽃자리 진 붉은 손톱
갈증 나는 바람의 말들

하이힐 발목 플레어스커트
바람에 흔들리네
앙큼한 호기심이 흔들리네

코스모스

바람결에 당신을 세워두고
바람결에 그대를 기다리고
바람 닮은 마음 탓에
바람결에 그대를 잊었습니다

바람 닮은 그대를 찾아
하늘하늘 흔들리다
바람결에 당신을
그때처럼 놓쳐 버렸습니다

우산

당신은 두고 내린 우산입니다

비가 내립니다

당신을 부정하고

당신을 그리워하다

당신을 잊겠다 다짐했습니다

비가 내립니다

당신은 애달픈 우산입니다

당신은 두고 내린 우산입니다

가을

후두둑
은행 알이 후두둑

후두둑
낙엽이 후두둑

계절은
겨울로 후두둑

2부 — 누구세요

그런 나였으면

그대 흔들리는 이유를
내가 가졌으면 좋겠어

그대 흔들리는 이유가
나였으면 좋겠어

매일 찾아드는 아침에
가벼운 인사를 하면 좋겠어

고단한 저녁을
위로할 수 있었음 좋겠어

스치는 인연에서
빛나는 사람이면 좋겠어

평범한 일상에서
근사한 사람으로 남았음 좋겠어

카페

말갛게 얼굴을 씻고
소박한 웃음을 웃으며
속내가 다른 우리들이 모입니다

맥락도 없고 주제도 없이
여기저기 떠도는 수다들
행복하다는 이웃집 이야기

불행과 행복들이 버무려
신나게 수다를 풀어내며
함께하는 공간에서
즐거운 이야기만 내려앉습니다

카푸치노

갖고 싶은 것
버릴 수 있는 것
그 어떤 것에도 모른 척해야 하는 것

침묵의 향에 실려진 무례한 목소리
그럼에도 위로가 되는 그 목소리

전철 역사에서 돌아서다
삐끗한 왼쪽 복숭아뼈의 아픔도
보내는 이와 받는 이가 뒤바뀐 택배 사연도
세탁기를 헹굼으로 유보한 일도
전철 안 뜬금없는 이야기들도
그는 정녕 모르는 거다

나와 상관없는 곳에서 일어나는 삶의 질서들
나와 무관한 오늘에게 왜 그토록 충실한 건지
나는 정녕 모르는 거다

전철 역사에 앉아
커피를 오래도록 마셔야 했던 그 시간을
그는 정녕 모르는 거다

금잔화

플랫폼 소음 사이
나지막이 들리는 목소리에
시샘과 마른 대답이 실려 있다

격정을 숨겨둔 시샘도
속삭이는 칭얼거림도
흥얼흥얼 모른 척

전철 바퀴 따라
속삭임과 시샘 칭얼거림이
숨겨둔 사연으로 다시 돌아오고 있다

비상전화

급한 용무에만
허락된다는 전화기

전화기에 매달려
앞뒤 가림 없이
숨 막힐 고백도 했었다

한때 흔들고 지나간 시간
그 시간 아래 또다시 흔들린다

숨겨둔 그 시간이
노란색 진화기에서 깨어나려 한다

비상전화는 언제고 열려 있다

유선전화기

그는 오래도록
나를 잊었다

어느 날 그가 나를 찾아냈다
단서는 전화번호
바뀌지 않은 그 번호를 통해 우리는 재회했다

다시 마주한 시간은
잊었던 세월만큼
멀고 먼 이야기들로 너풀너풀하다

낡은 세월 아래
열정도 열망도 집착도 우정도
전화기처럼 사그라든다

전화기가 필요한 사람,
이제 모두 사라져 간다

휴대폰

휴대폰 안에 삶이 있어요
어제의 삶은 추억이라 해요
삶이 허락된 오늘을 저장해요

아무것도 아닌 멍한 날
저장된 연락처의 주인들에게
틈새 안부를 묻는 중이에요

눈물 나게 힘들었던 하루
그날의 한숨도 있어요
오늘 제대로 살아야 해요
내일은 더욱 좋아지겠지요

오늘에야
전하는 긴한 안부도 있어요

누구세요

당신은 기다리는 사람입니까
당신은 은밀하고 깊은 마음으로
다가서는 사람입니까

당신은 내게 무엇이고자 합니까
나는 무엇을 할 수 있습니까
이제 놓으셔야 합니다
그래야 할 것 같습니다

당신은 나를 놓으셔야 합니다
당신이 나를 놓으시면
서툴지만 홀로 가보렵니다
잘 모르는 길 물어가렵니다

당신이 염려하는 나를 놓으셔요
놓은 손이 부끄럽지 않도록
당신을 열심히 잊겠습니다
그리고 잘 살아내겠습니다

당신이 놓은 걸 후회하지 않도록
잘 살아가겠습니다

일러두신 그리움

문우 김세기 선생님을 그리며

생전, 선생님의 시 낭독은
운율 너머 선생님의 이야기였습니다
선생님의 매력 너머 전해진 감성들은
때로 애달픈 시어가 되기도 하였습니다
시인이고 싶었다는 짧은 고백은
당신의 내일을 기대하게 했습니다
다가오지 않았던 적당한 그 거리
그것이 맥없이 저는 좋았습니다
점잖으신 말투 역시 좋았습니다
뜻밖에 전해 들은 선생님의 부고는
짐작할 수 없었던 이별 통보입니다
전혀 준비하지 못한 이별이었습니다

귀촌하신 댁은 정갈한 곳이었습니다
사색과 오늘이 살아지던 공간이었습니다
그 공간에서 행복하셨겠지요
그곳의 잔디밭 잡풀들은
이제 누구에게 아침 인사를 하고 있을까요
야생화 역시 잘 자라고 있을까요
마당 한 켠에 슬그머니 입주했다던
고양이 가족들은 여직 잘 지내고 있을까요
선생님 다락방에 걸려 있던 소망들
선생님 손에 들려진 책들은 안녕할까요
인생은 누구도 내일을 자신하지 못하지요
오래도록 당연하게 함께였던 시간이기에
깊은 문우의 정을 나누었기에
선생님의 부재는 생각조차 못 했습니다
부족한 시 작품에 근사한 음성을 얹어 응원하고
지지해 주시던 진심이 멋졌던 우리의 문우
선생님을 애도합니다
오만한 바람이었다 욕심이었다 말하기엔
당신의 삶 당신의 인생 당신의 낭만이 부족하지 않습니다
놓고 가신 당신의 흔적들 오롯이 잊지 않겠습니다
그리움을 일러두신 선생님을 오래도록 기억하겠습니다

오늘 쓰는 편지

문득, 잊었던 응원이 생각났습니다
누군가에게 받았던 그 응원 말입니다
언제나 응원해 줄 거라는 그 믿음
종종히 그 믿음을 꺼내봅니다
처음 받았던 그 응원에 응답하듯
기쁘게 알아가며 감사로 나아가겠습니다
혹여, 절망을 마주하는 아픔의 시작과
희망이 멀어지는 끝자락에 있을지라도
처음 그 믿음으로 삶의 기쁨을 찾아갈 겁니다

재회

기대만큼 뻐근한 연유
헤아릴 수도, 접어둘 수도 없는
그 마음 멈출 수 없다

소박한 점심상 앞에
손님으로 앉아
오가는 길을 재어 본다

재회는 싱겁고
짧은 낮잠을 뒤로하고
다시 돌아오는 길

지켜야 할 것이 많은
가려져야 할 사연과 질문들
복잡한 이 길 멈출 수 없다

둘은 다른 하나

믿는 만큼 지키려는 마음

둘은 다른 하나라네

마중물 첫 시어는
사랑의 문장을 풀어내고
그리움으로 솟아나네

손이 닿지 않는 아픔
잡히지 않는 그리움
마르지 않는 믿음

열망이 달뜨는 통화
소스라뜨리는 짧은 만남
그리고 오랜 이별

그리하여 둘은 다른 하나라네

몸살

설익은 메시지에
몸살이 날 지경입니다

잔잔한 맥박만으로도
현기증이 일어납니다

뼛속으로 스미는 그리움이
심장에 와 닿습니다

떨림을 건드리기만 하여도
아픈 그리움이 지나갑니다

빗장

척박한 땅에도 꺾이지 않는
하늘하늘 여릿한 코스모스처럼
그리운 것은 넘쳐나니
내려놓아야 하네

분주한 일상에서
알 수 없는 열망이
들킨 듯 헛웃음이 나오네

빗장걸이 단속이
슬그머니
계절 탓이라 핑계하네

이 계절이 더 깊어지면
다시 무너지기도 하겠지만
잠시 숨 고르기 하며 지켜내리

쉼표

애초 그 마음 풀어내려 합니다

잠시 풀린 마음이라
조금은 억울하기도 합니다

잠시 쉬어가렵니다

애달았던 마음만큼
서러웠던 마음만큼

어떤 이에게 기쁨일 수 있으나
어떤 이에겐 족쇄가 되었나 봅니다

잠시 쉬어가렵니다

인사

그에게
어떻게 지내는지
묻는다

겉모습이 아닌
내연하는 삶과 사연이
궁금하다

늘 그러하듯
그대도 잘 지내시라
인사를 한다

혼자인 게 싫어

부요한 주머니
무던한 성품
알아주는 누군가 있어야 한다

친구에게
연인에게
가족에게
집착하고 질척인다

혼자인 게 싫어
사랑하는 척
우애 있는 척
열린 지갑인 척

시간을 소비하고
마음을 낭비한다

그럼에도
홀로 남겨진다

혼자가 된다

사랑의 변

가늠하기도 저릿한
이 물음에
정직하지 않은 답

사랑
그 물음은 아프고 기쁘다

이런 사정을
대답해야 하는 물음

"사랑한다"
그 대답에
다시 인생이 걸어간다

3부 — 부이어연가

그대를 사랑합니다

그대, 인연이라 말합니다

그 인연에 데일까
마음이 염려합니다
흉터처럼 남겨진
마음이 또 염려합니다

그대가 곁을 주었을 때
저만치 가 있던 사랑
마음 한 칸에 남겨둡니다

그대는 박제된 추억입니다
질투는 사라졌고
만질 수 없는 허상입니다

온전하지 않은 사랑을
위로할 그만큼으로
다시 마음 한 칸에 남겨둡니다

사랑에 대한 기억

사랑을 기억하는 일이 좋습니다

사랑 그 떨림이
애틋함으로 응답합니다
사랑하는 이는 흔들지 않겠습니다

사랑하는 동안
주파수를 사랑으로 맞추어 놓겠습니다
그 마음, 그 떨림이
사랑으로 응답할 것입니다

사랑하는 것에는 예외가 존재합니다
사랑은 참을 수 없는 기쁨입니다
사랑의 추억은 선물입니다

그리움의 무게

그이를 향해 그리움을 던집니다
던져진 그리움의 무게를
그이는 어찌 감당하고 있을까요

그이가 풀어내고 있을
가늠하지 못할 그 마음
그 깊이를 다만 품으려 합니다

그이는 언제고 그 그리움 속에 있겠지요

부이어연가

당신이 서 있는
이 땅이 좋습니다
아련히 들려오는
당신의 속삭임이
그저 좋기만 합니다
온 정성 들여
당신을 기억하려 합니다
당신에게
그렇게,
매번 기쁘게 지고 가렵니다
지는 그 길에
당신이 서 있습니다

(*) 부이어 : 남의 귀 가까이에 입을 대고 소곤거리는 말.

이어 달아

누구를 만나든
마음을 이어 매달고
마음으로 추스르다

어떤 걸음일지라도
이 역시
어떠하든지

누구나
이 길을 지나며
배시시 한 미소

마음은
찾는 자에게
마음이 알아챔이라

하나의 심장

하나의 심장
안과 밖으로
길을 나서네

열정은 숨기고
하나의 심장을 만나
그리움 홀로 견디고

기다리는 마음
소망으로 연민으로
열망하는 그리움으로

하나의 열정으로
사랑이 죄가 되지 않기를
열정이 사랑만을 승부하지 않기를

심장은 오직 한 사랑으로 충분하다네

멈춤

지금 멈추어야 한다
건너지 말아야 할 길
멈추어야 한다

나를 찾으려던 그 길에서
서툰 나를 닮은
또 다른 나를 만난 거다

그뿐이어야 한다
나를 닮은 또 다른 나일지라도
다가서면 안 되는 것이다

내가 알 수 없는 나를
멈출 수 있을 때
멈추어야 한다

하늘

태양 너머 그 마음
그 비겁한 마음이 하늘입니다

하늘 아래
당연한 일상이라
그 마음 비워냅니다

그 하늘이 전부여야 했는데
그 하늘이 무너지고 보니
구름으로 바람으로
사연들이 쉽게 흩어집니다

흔들림이 노엽지 않았던 건
언제나 그런 마음인 탓입니다

해제된 그 마음이
그 어디쯤 있을지
그저 궁금하기만 합니다

하늘, 그 닿을 수 없는
높기만 한 하늘에 그 마음 품고
지루한 매일을 살아내느라
비겁한 마음 이제는 잊었습니다

그 하늘 아래 살아가고 있음이
특별한 이유가 됩니다

상처

오래도록
차마 어쩌지 못해
흔들렸다

엄청난 인연의 굴레
스며들다 빠져나오며
덫에 걸린 관계

제대로 믿지 못해
마음조차
훼방하는 못난 사랑

온 생애를 걸었던
깊은 상처
왜 이제야 알아들었을까

길

가고자 하는 길에
잡초도 보이고
돌부리도 걸린다

이 길이 하찮다
투덜거리지만
그래도 걸어야 한다

모두에게 있는
오늘이라는 하루
누구에게나 주어진 길

오가는 이 길로
사람이 들고 나고
인생이 지나간다

길2

다른 길을 걷다
한 길에서 마주침
길은 여러 갈래 길이었다

한 길에서 마주할 이유
언제고 있었던 것
한동안 그 길이 겹치지 않았을 뿐

지나던 길들은
고개를 잠시 돌리거나
짧게 지나칠 찰나의 시간일 뿐

행복할 이유를 마주하니
어느새 같은 그 길로
발은 그렇게 걷는다

변명

건너가는 마음
오롯이 좋지

그래서 덜컥
겁이 나지

늦게 알아챈 마음
오롯이 좋지

떨치고 싶어
밀어내지

싱거운 이야기

유선으로 나누는 사랑은
다가가지 못해 애틋하고
때로 싱겁기도 하다

이런 시간 괜찮냐고
이런 공간 괜찮냐고
이 사랑 이대로 괜찮은 거냐고

소리에 울림이 있고
시선에 의심이 매달리고
귀로 나누는 소리는 지금이고
눈이 나누는 시선은 지난 날이다

애단 속삭임에 숨이 차고
보이는 표정에 질문이 싱거워진다

꿈에서 했다고요

그대 꿈에서 했다는
그 사랑은
황홀한 대답입니다

그래서 좋았다는
그 고백에
슬픔이 묻어납니다

그리움을 저축합니다
마주하게 될 그 언젠가
제대로 꺼내보려 합니다

그내 꿈에서 했다는
그 사랑은
분명 간절한 이유일 겁니다

여행

그대와
함께라면
기꺼이 떠나려 한다

바쁜 일상은
잠시 접어두고
기꺼이 떠나려 한다

기대는 묵직하게
짐은 가벼웁게
그렇게 유쾌하게

그대와 함께 떠날 거다
그대와 마냥 좋을 거다
제대로 좋을 거다

그대와 함께
다시 돌아올 여행을
기꺼이 떠나려 한다

낙엽 아래로

낙엽 아래로
가슴앓이를 합니다
가을이 내려와 있습니다

당신으로 하여
환하게 웃다가
오랜 한숨이 내립니다

당신이 내준 가을은
단풍잎이었을까요
낙엽이었을까요

당신으로 하여
매달린 기다림이
땅 그늘에 스며듭니다

낙엽 아래로
가을 앓이를 합니다
가을에 이대로 있으렵니다

당신의 하루

내 일상 어디에도 없고
애당초 없었을지도 모를
당신의 하루

여전히 보이지 않는
당신을 찾는다면
어떤 안부를 건네야 할까

언제쯤 멈출 수 있을까
이 궁금함
여전히 모를 당신의 하루

내겐 수수께끼 같은
그 퍼즐을 찾아
또다시 찾아 나서려 한다

4부 — 위로, 늘 서툴다

개미와 베짱이

그대와 나의 하루에는
각기 다른 이야기가 있습니다

그대의 등에 오늘의 짐이 있고
나의 등에 내일의 짐이 있습니다

하루 동안 존재하던 질문과 답을
우리는 얼마나 알아들을 수 있을까요

즐거움이라는 꼭짓점
짧은 위로의 순간
무엇이든 하루는 이어집니다

그대는 개미
나는 베짱이
다름을 인정하는 것
그것으로 삶이 됩니다

나는 베짱이
그대는 개미
서로를 바라보는 것
그것으로 인생이 됩니다

그대와 나의 하루는
이렇게 채워져 가고 있습니다

당구장에 피터 팬이 있다

오늘 하루 고단합니다

해가 지고
밥 먹고 한잔,
하루의 고단함은 잊습니다

고장 난 오늘을 맡겨두고
네 개의 공을 쫓아
당구장으로 모입니다

당구대에선
소란스러운 게임이
멈추지 않습니다

당구대 위로
청춘이 날아다닙니다

세월이 다른 얼굴들과
비슷비슷한 눈동자들이
네 개의 공을 따라갑니다

공이 부딪치는 소리와
하찮은 수다들이 즐비합니다

당구장에는 어른이 없습니다
피터 팬이 있습니다

고무줄

밀고 당기는 마음
팽팽히 당기다
제 풀에 놓아버리니
어디로 갔을까
팽팽한 끌림을 잃어버리니
긴장감은 놓아본다
기다림의 공간 더하기
기다림의 시간 빼기
기다림에게 말 건네보기
그리움 생각 더하기
다른 양념 같은 관계들
주변으로 버무려지고
적당한 타협으로
기다림을 잠시 당겨본다

다시,
주위를 둘러보며
이중적인 잣대로 팽팽하게
당겨본다
혹여 상처받을까 봐
다시 느슨하게 줄을 잡는다
오래도록 기다려도
좋을 시간이 허락되었는데
마음으로 조급하다
조급한 세월은 자꾸만 변명한다
마음 탓인데 인정하기가 두렵다
운명을 내 걸음 시간으로
끊임없이 질문을 해댄다
기다림 끝에 그 재회의 시간을

둘이 걸어가기

서로에게

묻는다는 건

지친 듯

귀찮은 듯

불친절하기도 하고

넘치기도 하고

소홀하기도 한

그럼에도

함께 앞을 보며

둘이 걸어가는 것

우문현답

살아가며
되돌아보고 싶을 때

고단하다
응석 부리고 싶을 때

그리움에
마음이 복잡할 때

살면서 이게 맞는지
이런 질문 할 때

그이는 근사한 미소로
꿈처럼 대답하겠지

"당신은 잘하고 있다"고

약속

약속을 하고
그 약속을 지키려
치열하게 살기로 하였지

약속이 주는 무게는
때론 새털처럼 가볍기도 하고
돌덩이만큼 묵직하기도 하지

고통의 하루를
덤으로 치열하게
살아내는 아픔이지

세상 치열한 그 삶에
당신을 알아보니
당신은 내 삶의 의자가 되었지

하루

갈급함에 매달려
하루를 소비합니다

감사하지 않음은
여전히 갈급함입니다

젊음은 장신구였지요
지천명에 이르니
세상은
나잇값을 요구합니다

여전히 빈곤한 이유와
선한 영향력 아래
곤한 질문을 합니다

여직 채우지 못하는 욕심이라
하루는 언제나 짧기만 합니다

줄다리기

삶을 지속하는 건
참 고단하고 지루하다
그럼에도 그 삶은
하루의 이름으로 존재한다

누군가를 사랑한다는 건
무엇으로 하든지 무엇을 하든지
그토록 놓지 못하는 삶의 흔적들

좋아하는 것도 싫어하는 것도
넘치게 가득한 마음이라야
가능한 삶의 줄다리기

비워야 할 때 비우지 못하고
놓아야 할 때 놓지 못하는
삶의 질긴 이유

여전히
집착하고 쫓기며
상처 내는 하루의 기록

이전에도 역시
지금도 계속되는 하루

힘든 일이 있어도 어쩔 수 없다
또다시 시간에, 스스로에게
삶이라 어쩔 수 없다 체념하며 살아낸다

위로, 늘 서툴다

위로, 늘 서툴다

하루를 힘겹게 살아가는
어설픈 삶이기에
삶의 명암을 몰랐습니다

'잠시 멈춤'

바람이 전하는 이야기에
귀 기울일 줄 몰랐습니다

서툴고 일상적인 삶에게
평범함이 위로임을 깨닫습니다

삶의 명암 따라
위로가 진심으로 필요할 때
비로소 삶의 숲에 앉습니다

그 사람은 언제나 옳았고
이 사람은 여전히 그 모습으로
내 삶 가까이 이런 위로가 있습니다

뒤란지기

뒤란에 처박혀 있는
내가 싫어져
대문을 박차고 나가버렸습니다

다시 집으로
이제 천천히 스며들겠습니다

어느 날 그대도
이 집을 찾아주신다면
허락받는 것이라 믿어보렵니다

그대가 뒤란을
둘러볼 여유가 허락된다면
이 사랑을 이해할 수 있겠지요

원망하지 않겠습니다
기다리고 있었다고 말하지도 않겠습니다
그리웠다 말하지도 않겠습니다
그냥 흐르는 마음대로 있겠습니다

뜨거운 여름날
몸짓 그대로 있겠습니다
휴식 같은 뒤란에 남겨지겠습니다

살굿빛 그늘

하염없이 기다리지
같은 일상을 닮은 그림자
오실 그 님일까

높게 올린 그리움만큼
차곡차곡 쌓여 있는 이름
길게 늘어지는 탄식

각박하고 건조한 이야기랑
발밑에 통째로 내려놓고
오늘을 담담하게 살아야지

목걸이

지켜줄 거라 믿고 싶었고
지켜질 수 있을 거라 믿었다

울고 있을 때 안아주고
웃을 때 함께 웃어주고 싶었다

작은 것을 포기하더라도
많은 것을 얻지 못할지라도
기뻐할 수 있다 믿고 싶었다

오래도록 함께하리라는
그 약속 곁에 남겨지고 싶었다

시나는 세월 곁에
박제된 아픔이 흉터가 되고
함께한 웃음들은 남겨졌다

사랑

사랑은 애물단지입니다
귀하고 어렵고 포악합니다

언제든 사랑은
새털처럼 사뿐히 오기도 합니다

망설임 그 사이
용기를 내야 합니다

주고 받는 마음이라
누구에게 말할 수 없습니다

마음을 훔쳐내는 일이라
피곤하기도 합니다

퍼즐 닮은 변덕들
자주 마음을 여닫습니다

한 번은 빠져드는 열망으로
꿈꾸고 배반하고 자랑하고 숨겨둡니다

치열한 삶을 해제시키는
늘 있는 계절처럼
누구에게나 찾아옵니다

나이

세상살이는 팍팍하고
마음은 바쁘고 치열하다

나이로 예외가 되는
나이듦은 삶의 은둔지이다

나이를 채움은
아픔의 저장이며
비워내기의 시작이다

나이가 주는 무게는
새털처럼 가볍기도 하고
벽돌처럼 묵직하기도 하다

나이를 지고 가는 것은
가벼운 웃음으로
덤으로 하루를 채우는 것이다

세월이 흐를수록
나이를 먹을수록
채워놓은 것들은 역시 부질없다

손톱 끝에 매달리다

역사 초입에는 더덕 껍질을
벗겨내는 어른이 있습니다

새까만 손톱 끝에
널린 일감들을 벗겨냅니다

어른은 손톱 끝에 매달린
노동을 견디고
고단한 삶의 무게는
구부정한 허리에 매달립니다

그 역을 오가는
다른 이들은 그저 걷습니다

이리저리 놓인 문제들
다른 이들은
어떻게 하루를 풀어낼까요?

매양 해결해야 할 문제처럼
손톱 끝에 매달린 일감들이
깊고 진한 더덕 향으로 남습니다

살아보니

살아보니
이런저런 날이
이런저런 일이 있네

살아보니
사람을 만나기도
사람이 떠나기도 하네

살아보니
그럭저럭 살아가게 되고
어쩌다 한번은
좋은 날도 오겠지 하네

살아보니
아쉽던 날도
힘든 날도
서러운 날도 있네

그래도 살아가야 한다네
삶에서 희망을 찾아내야 한다네
그렇게 살아가라 하네

이유

좋았던 딱 그만큼

믿었던 딱 그만큼

계절이 허락하는 딱 그만큼

행복할 이유

마음에 걸어두고

인연에 흔들린
상념을 걷어내다

바라볼수록
바람을 가질수록
초라해지는 마음

놓아버린 그 사랑이
자꾸 걸린다
그 사람이 보고 싶다

사랑하니
마음을 걸어본다

해답 찾아가기

누군가에겐 전부를
걸어야 하는 삶의 무게만큼
고단하고 힘겨운 질문들

슬그머니 스며드는 씁쓸한 주정들이
곧이곧대로 견뎌야 하는 얄팍한 훼방들이
다른 이들은 짐작하지 못할, 처절했을
삶의 그 현장이 우리를 눈 뜨게 한다

누군가의 삶은
오랫동안 안전하지 않았고
지금도 여전히 안전하지 않다

5부 — 늙은 오이

엄마의 콩국수

친구와 국수 가게에 앉아
실랑이를 벌이다가
콩국수를 맛있게 먹는다

생일날이면 엄마는
딸 친구들에게 콩국수를
소담하게 담아내곤 했었다

콩국수 생일상
부끄럽지 않았으나
고달픈 엄마의 콩국수는 싫었다

생일날만 먹는 콩국수
가난했던 엄마가 만들어낸 진한 콩국수
세상에서 제일 맛있기도 했던 그 콩국수

엄마의 콩국수
가난했지만
최고였던 생일상이었다

명절 이야기

결혼이라는 이유가 아니면
평생 스치지 않았을 그녀들이
동서지간이 됩니다
시집이라는 공간은
집채만 한 힘겨운 이유로
그녀들을 실망하게 합니다
이유 없이 버거운 시집에서
자매가 아닌 동서로
그녀들은 부속품처럼 존재합니다
그녀들이 살아낸 삶의 그늘은
울타리라고 믿고 있는 관계에서
깊은 상처로 남습니다

동서지간인 그녀들은
고단한 명절의 노동을
가족이라는 이유로 기꺼이 해내고
그냥 웃고 넘깁니다
예전에 사랑했고 여전히 사랑하고
내일도 사랑할 가족이기에
우리가 사랑하는 이유입니다
명절은 가족의 질긴 연민을
감내할 이유와 위로에 기대어
더 나은 삶이 무엇인지 고민하게 합니다

늙은 오이

텃밭에선 여름내 오이가 달렸단다
내내 맛있게 드셨다는 오이
껍질이 단단하고
누렇게 익은 오이 두 덩이를
시아버님께서 건네주신다
생긴 건 까끌까끌하고 투박하지만
맛은 제법 시원하니 먹어보란다

시아버님께서 건네주시는 채소들은
거칠고 억세어 여러 번 손질해도
먹기엔 그리 마땅치 않은 터지만
어릴 적 할머니가 만들어주시던
노각 무침이 생각난다

주름지고 까끌까끌하고 투박한
할머니 손을 닮은 늙은 오이
어릴 적 할머니 마당 밥상에선
노각무침과 호박잎으로도
배부른 저녁 한 끼였다

단단한 겉껍질을 벗겨내고
하얀 속살을 소금에 절인 후
고추장 양념으로 무쳐내어
할머니 손맛을 흉내 내본다

늦여름 한 철
잘 버무려진 노각무침이
고단하게 굳어진 삶의 식탁에
새콤한 식탁 위로가 된다

여름내 그럭저럭 잘 견뎌낸
묵직한 오이처럼
수분 가득 오이 속살처럼
삶 또한 그리 살아내기로 한다

떠나던 날

자식들이
눈에 밟히네

잘난 내 자식은
나의 자랑이었지

육신은 생의 고단함에
대충 백기를 들었네

가는 발길이 아쉬워도
더는 되돌리지 못해

이제
깃발을 꽂아 볼까나

잘난 자식 틈 사이
움츠린 어깨가 아픈 자식

안아주지 못한 자식이
눈에 밟히네

그 자식이 눈에 밟혀
얼음송곳 훈장을 꽂고 가네

이제 이야기해야지

도심의 불빛들
거리의 분주함
이제 나와는 상관이 없다

내게 말해 주지 않는
나는 몰라야 하는
고통이 나를 설명한다

침상에서 힘겹게
묵직하게 지르는 비명
갈라진 입술이 달싹인다

해야 하는 말
하고 싶은 말
이제 이야기해야지

바이러스

일상을 흔들어대는
낯선 바이러스에
삶은 막막하고 곤란하다

이 엄청난 바이러스
삶을 흔들어대니
혼란스럽기만 하다

생경한 바이러스 탓에
만나지 못하고 멀어지니
우리들이 사라진다

만남을 기약하고
닫힌 일상을 열며
다시 시작할 우리를 꿈꾼다

바람결에

바람결에 힘내라

응원하는 일이

삶을 축복하는 이유다

바람결에 전해라

꽃향기 그윽하게

미소를 보내는 이유다

우리의 삶은

여전히 향기롭고

기꺼이 존재하는 희망이다

짠 냄새 지우기

짠 냄새 나는 일들을
덤덤하게 해냈다

궁핍으로 답답했던 날들은
지우고 싶은 과거들이었다

땀으로 절어진 궁핍은
기억조차 싫었다

비누로 씻기지 않는 육체
짠 내 진한 소금기를 문 육체

노동의 짠 내든
고단함의 흔적들
지난 과거로 봉해버렸다

풋풋한 살 내음을 가진
가난하지 않은 삶으로 살아내고 싶다

깜냥깜냥

걸음마를 배우는
이미 커 버린 아이
다 큰 아이의 특별한 걸음에
공원의 어른들이 응원을 합니다

공원에서 제일 요란하고
어색하고 힘겨운 이 걸음을 보며
아이의 이 한 걸음이 내딛는 희망만큼
어른들은 염려와 응원의 눈길을 보냅니다

"한 걸음 더"

"옳지"

"잘했어"

오늘 걸었던 이 한 걸음
내일 역시 또바기 할 겁니다
당연한 걸음을 걷게 될 날을 위해
아이는 깜냥깜냥 내딛는 겁니다

(*) 또바기; 언제나, 꼭 그렇게
(*) 깜냥깜냥; 자신의 힘을 다하여

쪽빛 허리

부모와 자식으로 만나
기꺼워하지 못한 마음이
세대 간의 빈 허리입니다

부모에게 바라는 것이 많습니다
자식에게 원하는 것이 있습니다
빈 허리에 바람이 지나다닙니다

부모의 삶이 팍팍하고
자식의 생활이 온전하지 못하니
억울하고 괘씸한 마음이 생깁니다

매번 바라지만 빗나갑니다
매번 기대하지만 초라해집니다
매번 울지도 못하고 외롭습니다

한 세대를 건너 만나는 손주는
그 빈 허리에 파스가 되어줍니다

손수건

구겨진 손수건 한 장이
내심 걸려 다림질합니다

어디고 다녀오시면
언제고 골라 쓰는
즐거움 드리려 다림질합니다

출근길 손수건
챙겨주시던 어머니
젊은 날엔
어머니의 그 마음을
미처 헤아리지 못했습니다

손수건을 다리다 보니
이제야 짐작하게 됩니다

오늘도 무탈하게
이 하루 좋은 것만 보기를
기분 좋은 오늘이 쌓여
괜찮은 내일을 기약하기를
다림질에 담아봅니다

오늘 부지런히 준비하고
하루를 제때 나누어
내일은 희망으로 기대합니다

예전 어머니께서 그러했듯
구겨진 일상을 다림질합니다

혈육 인연

너랑 나랑 혈육 인연이란다
내 아가였던 너의 엄마
속절없이 이별했던 나의 젊은 엄마
내겐 야속하셨던 네 엄마의 할머니
우리는 혈육 인연이란다

생경한 코로나 환경에서
출산은 오롯이 네 엄마의 몫이었고
너와의 첫 만남, 영상으로만 가능했단다
첫 번째 나의 아가를 출산하고
자식 사랑을 품었던 때를 떠올렸단다

삼칠일을 함께하셨던 시어머니의
손녀 사랑과 보살핌을
가만히 되짚어 보다
보살핌에는 사랑 아래 희생이 있음을
이제야 짐작하게 되었단다

오래도록 묵혀 두었던 섭섭함을 뒤로 물리고
옹졸함으로 저장해 둔 그 일들을 접어 보련다
나 역시 화해가 쉽지 않은 어른이 되었지만
너로 하여 결이 다른 어른이 되어 보련다

자식 사랑은 자식의 그릇을 채우며
애단 걸음을 앞서 걷는 것이란다
우리에게 혈육 인연으로 와 준 이서
세상 온전히 품어 내내 사랑스럽고 어여쁘거라

노인과 노온

한 날 입원하고 한 날 수술한
노인과 노온
노인은 고관절, 노온은 무릎

노인과 노온에게 늙음은
힘 다했을 때 찾아드는 고통을
어김없이 마주해야 하는 것
진통제로 버텨내야 하는 것
오래도록 부려먹은 육체
고장난 육체를 보수해야 하는 것
밤으로 찾아든 고통에
배우자를 원망하고 자신을 탓하며
힘겨운 긴 밤을 보내는 것

아침이다

그 늙음의 보상이란
할아버지 집 앞 눈을 쓸고
눈사람을 만들어 카톡으로 전송한
손녀의 웃음을 보고 짧게 미소 짓는 것

어여쁜 눈이 내리는 아침이다

걱정이다

자식이 아프다 하니
걱정이다

자식 입에 들어갈 것이
걱정이다

자식 짐을 들여다보니
걱정이다

자식을 미워하려니
걱정이다

자식을 사랑하는 것이
걱정이다

평론

평론

시인 유 창 섭
전 월간 모던포엠 편집주간

권현숙 시인이 시집을 낸다고 원고를 보내왔다. 제목이 "부이어 연가"라는 시집이다.

"부이어(附耳語)"라는 말은 자주 쓰는 단어가 아니어서 다소 생소한 느낌을 받았는데, 사전을 찾아보니 "귓속말, 즉 남의 귀 가까이 대고 소곤거리는 말"이라는 뜻이다. 한자어인데도 그 언어적 음색이나 의미가 남다르고 친근하게 다가오는 말이다.

시인이 제목에 그 단어를 쓴 것은 시인 나름대로 매우 은밀하고도 수줍은 태도로 시적 정서를 그려내고 있다는 방증이 아닐까 하는 시적 겸손을 느끼게 했다. 권 시인의 시는 매우 담백하고 은밀하여 친근하게 느껴진다.

여러 방송이나 글 속에서 음식의 맛을 표현하면서 자주 쓰는 표현의 하나로 ASMR(Autonomous Sensory Meridian Response) 이라는 말이 있다. 이 말은 오감을 자극하는 것만으로 뇌가 쾌감을 느껴 심리적 안정감과 쾌감을 느낀다는 이론을 의미한다. 권 시인의 시가 바로 그런 내용을 포착하여 쉽고도 즉각적으로 의미를 전환하는 시로 구체화한 연유가 바로 그런 점에 있지 않나, 하는 생각이 든다. 그런 의미에서 권 시인의 시는 영국 시인 W.워즈워드(William Wordsworth)는 "시는 평정한 상태에서 환기된 강력한 감정의 자발적 범람이다"라고 말했던 것과 맥을 같이 한다.

권 시인의 시는 읽으면서도 큰 부담을 주지 않으며, 난해함으로 어지럽고, 극단적인 표현으로 격한 정서적 충격을 주지 않는 편안함을 준다는 면에서 자유롭다.

자신의 생각이나 정서를 과하게 표출시키지 않으면서 정서적 안정감을 주는 형식으로 써지고 있다는 면에서 '평범平凡 속 비범非凡'이라는 의미 구현에 다가서고 있다는 점이 하나의 미덕이 될 것 같다. 권 시인이 쓰고 있는 많은 경어체敬語體의 시적 정서는 호소력이 있으며, 자신을 한껏 낮추는 겸손이 바로 '사랑'임을 드러내는 효과를 상승시킨다.

시를 쓰는 시인 중에는 어렵고 난해한 시를 쓰는 이도 있고, 암묵적이며 상징적인 은유를 통해 정서적 감동을 주는 경우도 있으며, 쉬운 듯하면서도 상징성을 가미해 은밀한 감동을 전하는 이도 있다.

권 시인의 시는 쉬운 듯하면서도 은밀하게 정서를 다듬어내어 시적 긴장감을 유지하면서 시적 감동에 이르게 한다. 시적 정서에서 피부에 와 닿으며, 부담없이 어렵지 않게 정서적 충만감을 드러내고 친근함과 진솔함을 함께 느끼는 시들로 채워져 있다는 인상을 받았다. 시를 쓴 지 꽤 오래되었음에도 불구하고 기교 없이 단단하고 감성이 충만한 시를 써 온 점을 높게 평가하고 싶다.

앞으로도 표현 기교를 한층 발전시키고, 시적 상징을 효과적으로 결합하여 더욱 멋진 시의 세계를 열어가길 진심으로 응원한다.

[평론]

사랑의 포만감과 상실감
권현숙 시에 나타난 간결한 상징

박 태 상
한국방송대 명예교수
문학평론가
기산박물관 관장

Ⅰ. 사랑의 혼돈

 진정한 사랑이란 무엇인가? 이성에 처음으로 눈뜨는 청소년기부터 중·노년기에도 여전히 반문하게 되는 영원한 인간의 과제이다. 육욕적 사랑과 이성적 사랑의 교집합이 최선의 방책이라는 것은 삼척동자도 다 아는 사실이지만, 자신에게 막상 닥치면 어려운 선택 앞에서 번민하게 된다.
 우리 시대에 필요한 사랑은 자기 욕구에 매몰되지 않고, 타자의 고통을 이해하고 배려하며, 진정한 자기실현과 행복을 이룰 수 있어야 한다. 하지만 그러한 사랑을 이루어내기는 참으로 어렵다. 권현숙 시인도 시적 정서를 빌려 진정한 사랑의 추구를 최대 과제로 삼았으나, 남은 것은 상처와 번뇌 그리고 그리움만 남있다고 고백한다.
 사랑의 의미를 찾기 위해 고대 그리스 철학자들의 견해를 끄집어내야 한다. 이데아 사상을 앞세웠던 플라톤은 사랑의 다섯 단계를 주장했고, 가장 고차원의 사랑을 '지'나 '미' 그 자체와 하나가 되는 사랑이라고 말했다. 흔히 플라톤이 말한 사랑을 '플라토닉 러브'라고 지칭한다. 가장 문학적이고 유려한 필체로 전개하는 사랑의 찬가는 일반인의 상식을 넘어 사랑에 '형이상학적 의미'를 부여한다. 이제 사랑은 불멸의 영혼을 가진 인간이 저세상에서 경험한 이데아에 대한 충동과 떠올림에 의해서 일어난다. 그리고 사랑은 야릇한 감정의 차원에 머물지 않고 '아름다움' 자체, '진리' 자체와 완전히 일치하는 이성의 세계로 발전한다.

이에 비해 그의 제자인 아리스토텔레스는 우정에 가까운 필리아(philia)를 사랑으로 제시했다. 즉 그는 상호적인 인간의 사랑을 추구했다. 필리아는 수평적인 차원에서 상호 공통의 능력이나 조건을 가진 공동체의 구성원들과의 관계에서 이루어지는 상호적, 호혜적인 사랑이다. 사랑을 통해서 서로 쾌락이나 유용성을 얻을 수 있지만 가장 바람직한 친애는 '선'을 통해서 실현된다. 아리스토텔레스는 인간이 지켜야 할 보편적 원리를 인정하면서 공동체의 상황에 따른 상대성을 수용하고 있다. 시인 권현숙이 추구하는 사랑은 무엇일까?

「계절안부」에서는 사계를 이야기하면서 자연의 이법과 사랑에 대해 설파하고 있다. 여름의 비도 언급하고 가을의 낙엽과 겨울의 눈도 이야기하지만, 가장 많이 속삭이는 것은 봄의

포근함이다.

〈봄이 오는 길목에서〉는 봄을 "혼란의 계절"이라고 단정 짓는다. 겨울을 이겨내고 숨겨둔 이야기도 드러내지만, 사랑이란 "아픈 선택을 하고도 끝내 자유롭지 않은" 속성으로 인해 혼란스럽게 한다고 말한다. 하지만 봄은 우리를 "다시 일으켜 세우는" 기능을 하는 관계로 그 의미를 되새기게 한다고 긍정적으로 바라보고 있다. 〈봄 안부〉에서는 봄을 맞이해 게으른 걸음을 시작하려고 하는데, 그 이유는 "그대가 있기에" 가능하다고 하소연한다. 봄이 화자에게 혼란을 주는 이유는 우울과 동시에 내일의 희망을 가져다주는 이중성 때문이다. 〈꽃비〉에서는 "세월의 상처"와 "서툰 위로의 말들"이 바람에 흩어지고 있다.

참신한 시 〈청보리 소리〉에서는 청각 이미지를 활용하고 있다. 청보리 소리로 힐링한 시적 화자는 '소확행'의 행복을 독자들에게 제시하고 있다. 일상으로 돌아와 커피의 풍미로 의미를 배가시키며 사랑 역시 "비움"에서 답을 찾아야 한다고 나름 인생의 금언을 남긴다.

〈우산〉에서는 여름에 접어들어 소나기도 맞아보지만, 비를 피해 쓰게 된 우산에서 다시 "당신은 두고 내린 우산"이 된다고 하면서 잠시 잊고 있던 사랑을 주머니에서 꺼내 든다. '사랑'의 대상인 당신은 그리움, 서러움, 지워버림의 교집합인

관계로, 원망과 연민의 대상으로 자리 잡게 된다. 하염없이 여름비는 주룩주룩 내리는 가운데, 그대는 결국 "애달픈 우산입니다"라는 결론에 도달한다. 따라서 당신은 그리움의 대상으로 항상 자리 잡게 되는 것이다.

「부이어연가」에서 사랑 게임은 계속된다. 시 〈부이어연가〉에서는 사랑을 일종의 '게임'으로 보고 있다. 사랑의 상대인 당신은 절대자로 평가되고 있다. 따라서 당신은 인간인 연인일 수도 있고 시인이 믿고 있는 기독교의 절대자일 수도 있다. 우선 당신은 이 땅 위에서 최고의 존엄으로 묘사되고 있다. "당신이 서 있는 이 땅이 좋습니다 / 당신의 속삭임이 그저 좋기만 합니다 / 매번 온 정성을 들여 당신을 기억하려 합니다"로 묘사되고 있다.

그런데 중요한 것은 사랑하는 대상자인 당신과 게임을 하고 있는 듯한 느낌을 독자들에게 주고 있다. 한마디로 사랑을 이기고 지는 게임으로 표현하고 있다는 점이다. 누구나 게임에서 이기면 기분이 좋고 기쁠 수밖에 없다. 그 기쁨의 쾌락 때문에 게임을 즐기게 된다. 게임에서 지게 되면 슬프고 기분을 망치게 된다. 그런데 시인의 사랑 게임은 일상적인 게임과 양상이 다르게 흘러가고 있다. 아이러니한 것은 "그렇게, 매번 기쁘게 지고 가렵니다" 라고 마음의 속내를 드러내고 있다는 점이다. 게임에서 지는 것이 이기는 것이라는 법칙을 중얼

거리고 있다. "지는 그 길에 당신이 서 있습니다"에서 그러한 논리가 다시 확인되고 있다. 극단적인 반어법을 구사하고 있는 것이다.

〈그리움의 무게〉에서는 사랑을 무게로 재고 있다. 사랑의 무게는 얼마나 될까? 만약에 사랑의 대상이 연인이라면 만나고 헤어지는 것을 반복하면서 그리움이 쌓이게 된다. 가벼움과 무거움의 논리가 작용하고 있다. 사실 가벼움과 무거움의 반어는 이카루스에서 시작되었다. 이카루스는 다이달로스의 아들이다. 신화에서 다이달로스는 유명한 대장장이다. 그런데 조카가 '톱'을 발명해서 유명해지자 다이달로스는 점차 명성을 잃어가게 된다. 결국 질투심에 눈이 멀었던 다이달로스는 조카를 신전의 높은 곳에서 밀어뜨려 죽이고 만다. 제우스신은 다이달로스와 그 아들 이카루스를 크레타섬의 높은 곳에 탑을 세워 그곳에 가둔다. 감옥에서 탈출을 모색하던 다이달로스는 새의 깃털을 모아 날개를 만든다. 아들 이카루스에게도 날개를 달아 자유를 향한 비행을 시작한다. 여기에서 가벼움과 무거움의 반어법이 탄생하게 된 것이다.

다이달로스는 아들 이카루스에게 한 가지 당부를 한다. 날개를 달고 날아가되, '너무 높지도 낮지도 않게 비행하라'고 주의를 준다. 하지만 자유를 만끽하던 이카루스는 아버지의 조언을 무시하고 높이 날다가 추락하고 만다. 물론 중용의 논리를 일반 대중들에게 준 것이지만, 행동의 가벼움에 대한 교훈을 준 것이기도 하다. 무거움의 논리도 이카루스의 신화에는 담겨 있다. 시인은 "던져진 그리움의 무게를 그이는 어찌 감당할 수 있을까요."라고 반문한다. 이어서 "그이가 풀어내고 있을 / 가늠하지 못할 그 마음 / 그 깊이를 다만 품으려 합니다"라고 고백하고 있다. 사랑은 한마디로 애잔한 연민을 자아낸다. 연민의 핵심은 그리움이다. 그런 연유로 시인은 "그이는 언제고 그 그리움 속에 있겠지요"라고 결론짓는다.

〈사랑에 대한 기억〉에서는 사랑을 그림 그리는 마음으로 표현한다. 그림은 동양화든 서양화든, 아니면 구상화든 추상화든 현실에 보이는 것을 그대로 옮겨 놓는 것이 아니라 화가가 나름대로 자신의 창의적인 생각을 화폭에 담아 표현하게 된다. 따라서 사랑이란 '창조적인 삶'을 영위하기 위한 과정으로 설명되고 있다. 어떠한 사랑을 하든 간에 사랑을 할수록 인간은 삶의 깊이와 폭을 넓게 마련이다. 그것이 에로스적인 사랑이든, 아가페적인 사랑이든 마찬가지이다.

"사랑하는 것에는 예외가 존재합니다"라고 묘사된다. 이러한 표현이 주는 참뜻은 무엇일까? 인간의 삶은 순탄하지만은 않다. 굴곡이 많은 것이 바로 참다운 삶이다. 고통도 있을 수 있고, 아픔과 시련도 있게 마련이다. 키에르케고르는 인간의 삶을 '죽음에 이르는 병'으로 묘사하기도 했다. 그만큼 인간은 평생을 고통 속에서 보내게 되는 것이다. 따라서 예외란 죽음에 이르는 고통을 벗어나는 상황을 의미하는 것으로 보인다. 시인은 "사랑하는 것에는 예외가 존재합니다 / 사랑하던 시간은 참을 수 없는 기쁨입니다"로 요약해서 사랑의 의미를 간결하게 정의를 내린다. 사랑은 기쁨이고 사랑의 추억은 선물이라고 말한다.

토마스 아퀴나스는 플라톤과 아리스토텔레스의 사랑에 대한 개념을 이어받아 에로스와 아가페의 종합을 시도한다. 시인의 사랑에 대한 개념은 토마스 아퀴나스의 영향을 많이 받은 것으로 보인다. 모든 인간의 사랑, 즉 육체적·정신적 사랑, 자기 중심적·자기 희생적 사랑, 세상에 대한·신에 대한 사랑이 하나로 통일될 수 있다고 보았다. 이뿐만 아니라 인간 사랑과 신의 사랑도 통일될 수 있다고 생각했다. 토마스 아퀴나스는 아가페를 원천으로 해서 에로스의 자립성을 확립하고, 에로스에 대한 조력과 완성을 아가페에 의해서 이룰 수 있다고 말한다. 이에 대한 근거로 인간은 육체와 영혼이라는 공통 본성을 지니며, 개별적이면서 사회적이고 정신적인 인격성을 가진다는 점을 제시하고 있다. 시인은 "그 마음, 그 떨림이 사랑으로 응답할 것"이라고 믿으면서 "주파수를 사랑으로 맞추어 놓겠습니다"라고 강조한다. 이러한 주파수론은 에로스적 사랑과 아카페적 사랑의 종합을 의미하는 것이다.

Ⅱ. 자아 찾기의 숨바꼭질

 시인은 무엇을 행복으로 생각할까? 매우 궁금했다. 그런데 생각보다 단순한 사람으로 판단된다. 행복이라는 것은 자율성을 가진 존재, 즉 홀로서기를 시도하는 마음으로 표현한다. 쉽게 말하자면 '자아 찾기'라고 할 수 있다. 〈누구세요〉에서 "당신은 나를 놓으셔야 합니다 / 당신이 나를 놓으시면 / 서툴지만 홀로 가보렵니다"라고 노골적으로 홀로서기에 대한 희망을 내비치고 있다. 행복이란 마음의 짐을 훌훌 떨쳐버리는 것이라고 확실하게 믿고 있다. "당신이 놓은 걸 후회하지 않도록 잘 살아가겠습니다"라고 홀로서기에 대한 자신감을 드러내고 있다. 시인의 자아 찾기의 궤적을 추적하기 위해 서양의 근현대철학에서 인간 본성과 자아는 어떤 관계를 지녔는지 확인해 보기로 한다.

 행복이란 무엇일까? 현대인들은 숨 막히는 일상에서 대체적으로 일탈을 꿈꾼다. 하지만, 현실의 고뇌가 자신을 압살할 정도로 짓누르기 때문에 자신의 본질, 즉 자아를 찾아가기도 어렵다. 아리스토텔레스는 플라톤의 전통을 이어받아 행복(eudaimonia)이란 다름 아닌 인간의 기능 중 가장 자연적 본성에 가까운 이성의 기능을 잘 발휘하는 것이고, 그 기능의 습관적 발휘 능력이 곧 덕(arté)이라고 주장했다. 이러한 이성적 전통은 스토아 철학에 이르러 자연의 로고스는 인생의 로고스이며, 그에 따라 인생의 목적은 자연의 로고스라는 지(知)를 갖는 것이다 그 지(知)에 따라 사는 것이라고 보았다.

근대에 이르러서는 근세 이성주의의 선구자인 데카르트(R. Descartes)에 의해 "나는 생각한다. 그러므로 존재한다"라는 명제가 제시됨으로써 '생각하는 나', 즉 이성적 사유 주체로서 인간을 강조하게 되었다. 이어서 인간 본성이 합리적이고 사회적인 사람을 위한 적극적인 가능성을 가지고 있다는 입장을 내세우는 경험주의와 쾌락주의 전통으로 분류되는 공리주의가 나오게 된다. 공리주의에 따르면 인간성이 선천적인지 아닌지, 그것이 선한지 악한지 그것은 알 수도 확인할 수도 없다. 다만 우리가 경험적으로 확실하게 알 수 있는 사실은 인간은 모두 쾌락을 추구하고 고통을 멀리하려고 한다는 것이다, 즉 인간성의 기본은 쾌락 추구이다. 이러한 입장을 취하면 인간 각자의 쾌락 추구는 서로 간에 상충하기 마련이고, 그 상충은 사람들 간에 이기적 갈등과 반목을 불러일으키는 원인이 될 수 있기 때문이다. 따라서 공리주의의 대가인 벤담(J. Bentham)은 효용의 원리를 제시하면서 사회 협동체 내에서 비록 서로가 쾌락을 추구한다 하더라도 결과적으로는 최대 다수의 최대 행복이 가능할 수 있다고 보았다. 이러한 공리주의는 자유주의(Liberalism) 사상의 중심이론이 된다.

그러나 자본주의의 사회적 생산관계에서 사적 소유의 발생이 인간성을 왜곡시키고, 사적 소유는 개인에게 타인에 대한 사회적 지배를 발생시키고, 개인은 그 지배를 통해 더욱 이웃을 해치게 되며, 그 사적 소유의 증대과정에서 소외된 사람들은 그 소외를 창출했다고 여겨지는 계층에 대해 적대감을 느끼게 된다. 이러한 인식 속에서 모든 재화 및 생산수단을 공유하는 사회관계의 수립, 즉 공산적 사회관계의 수립을 모토로 삼는 마르크스가 등장하게 된다. 이에 대해 프로이트는 사적 소유욕은 인간이 갖는 본능적이고 근원적인 공격적 성향의 일부이므로 그것을 변화시킨다 해도 그 근원적인 본능적 공격욕은 여전히 본성 속에 자리 잡고 있다고 본다. 이 본능은 사적 소유의 결과로써 생겨나는 것이 아니며, 소유 개념이 성립되지 않은 원시 시대부터 인간 내부에 본유적으로 존재하고 있다는 것이다.

제2차 세계대전의 참혹한 인간 말살 현상을 목격한 프랑스의 실존주의 철학자 사르트르는 단적으로 무신론적, 비결정론적 인간관을 피력한다. 굳이 인간에게 정해진 본성이 있다면 인간은 자유로서의 본성을 갖는다는 것이다. 그러나 인간은 자유로운 만큼 불안하고 고독하다. 그리하여 인간은 때로는 자신이 자유롭지 않은 것처럼 가장함으로써 불안으로부터 도피하고자 한다. 인간은 자기기만으로부터 빠져나와 오히려

'무'를 정면으로 순전하게 응시해야 한다고 본다. 사르트르는 무에 직면하는 순전한 자유, 이것이 우리가 받아들이고 오히려 누려야 할 인간의 조건이라고 판단한다.

 시인은 〈하늘〉에서 일상적 삶의 어려움을 토로하고 있다. "태양 너머 그 마음 / 그 비겁한 마음이 하늘입니다"라고 일상에서의 자기기만의 삶을 '비겁한 마음'으로 자기비판을 하고 있다. "하늘이란, ……지루한 매일을 살아내느라 / 비겁한 마음 이제는 잊었습니다"라고 기억의 반대 논리 망각을 통해 '비겁한 마음'을 씻어내려고 한다. 그런데 그러한 비겁한 마음이 잘 제거되지 않는 데에 시인의 고민이 있다. 해결책을 찾는 것이 쉽지가 않지만, 시인은 나름의 혜안을 가지고 문제점을 비판적 시각으로 바라보려고 한다. 종국에는 해답을 찾게 된다. 그것은 바로 사르트르가 말했던 자기기만에서 벗어나 '무'를 정면으로 순전하게 응시하려고 한다. 무에 직면한 순전한 자유를 인간이 누려야 할 조건으로 해석하는 것이다. 왜냐하면 인간은 어제도 오늘도 살아가야만 하기 때문이다. 자유를 누리고 싶어 하지만, 불안하고 고독한 존재인 시인은 "하늘 아래 / 당연한 일상이라 / 그 마음 비워냅니다"에서 '비움'의 철학을 제시한다. 그러한 철학은 사르트르가 말했던 자유롭지 않은 것처럼 가장함으로써 불안으로부터 도피하려고 했던 위장을 떨쳐버리려는 태도인 것이다. 즉 자기기만으로

부터 빠져나와 '무'를 순전하게 응시하려는 삶의 방식이자 인식 태도인 것이다.

시 〈멈춤〉에서 자아 찾기의 숨바꼭질을 토로하고 있다. "나를 찾으려던 그 길에서 / 서툰 나를 닮은 / 또 다른 나를 만난 거다"라고 방황하는 자아를 응시하고 있음을 고백한다. 다람쥐 쳇바퀴 돌 듯 일상에서 잃어버린 자아를 일시적으로 찾았다가 다시 생각해 보니 엉뚱한 자아로 돌아가고 말았음을 확인하게 된다. '서툰 나'이거나 '또 다른 나'는 사적 소유욕이 강한 자아를 의미한다. 기독교인인 시인은 이러한 지점에서 법정 스님의 '무소유'나 '텅빈 충만'을 깨닫게 된 것이다. 앞서 '비움'의 철학이 바로 '멈춤'의 철학으로 교체된다. 미니멀리즘처럼 가진 모든 물욕, 심지어 사랑의 대상마저도 과감하게 버릴 때 순수 자유인이 될 수 있다는 것을 확인하게 된 것이다. 따라서 결론은 "내가 알 수 없는 나를 / 멈출 수 있을 때 / 멈추어야 한다"고 끝없는 반복 동작의 멈춤을 선언한다. 시인은 마음속에 아무것도 가지지 않은 채 텅 빈 상태가 바로 새로운 자유로 꽉 찬 것임을 깨닫게 된 것이다.

오늘날 현대는 어떠한 상황인가? 인간은 인간의 본성을 유지한 채 살아가고 있는가? 인간의 이기심에서 비롯된 경쟁적 삶 속에서의 공격적 탐욕성과 그에 따른 인간 소외와 정신 분열 현상은 여전하기만 하다. 따라서 다시 프로이드가 부활하고 있다. 자본주의 시장경제의 거미줄 같은 촘촘한 패러다임이 인간을 억누르고 있는 상황이다. 자본주의적 사회관계가 전 세계를 지배하는 삶의 원리로 자리 잡은 오늘날, 이미 욕망을 부추기는 주체는 이른바 인기 연예인 스타도 언론도 대기업도 아니며, 이들은 순진한 역할 대행자들일 뿐, 진정한 주체는 자본주의의 네트워크이다. 오늘날 인간의 본성으로 너무나도 당연시하게 받아들여지는 개인의 이기적 욕망과 탐욕성은 곧 자본의 탐욕적 공격성을 반영한다. 따라서 철학적 사조도 자본주의 사회에서 인간의 욕망을 주체로 삼고 있다. 프랑스의 사상가 미셸 푸코, 들뢰즈, 라캉의 주장이 관심을 끌며 그 배경 이론으로서 스피노자, 니체, 쇼펜하우어가 새롭게 주목을 받고 있다.

 대한민국은 카페와 커피 천국이다. 전통차 가게는 찾아볼 수가 없다. 왜 카페와 커피숍의 독무대가 되었을까? 이유는 두 가지로 해석된다. 첫째, 미국과 유럽식 자본주의의 패러다임이 한국을 덮쳐서인 것으로 생각된다. 특히 스타벅스의 환상에 한국의 여성들이 도취해 있다는 점을 예로 들 수 있다. 둘째는 한국인들은 인구는 많고 면적은 좁아서 경쟁이 치열한 사회에서 살고 있기 때문에 스트레스가 많고 불안과 소외감으로 정신분열 증세를 누구나 앓고 있다는 점을 들 수 있다. 이러한 우울증을 푸는데, 가장 많이 활용되고 있는 대중

요법이 카페에서 수다를 떠는 것과 퇴근 후에 정다운 동료들과 맥주나 소주 한잔하는 방법이다.

시인도 카페와 카푸치노를 찾고 있다. 시 〈카페〉에서 카페를 찾는 사람들은 행복을 느끼기보다는 불행에 빠져 있는 사람들이 더 많은 것으로 묘사된다. 그것은 "여기저기 떠도는 수다들 / 행복하다는 이웃집 이야기까지"에서 확인된다. 떠들며 담소를 나누는 여성들이 모두 남의 행복 이야기를 하면서 자신들의 불행을 씻어내고 위안을 찾으려고 한다는 점을 깨닫게 된다. 모여 있는 여성들은 같은 환경에 처해 있지 않아서 중구난방 "맥락도 없고 주제도 없이" 이야기들로 화제의 꽃을 피우고 있다. 하지만 그들은 "불행과 행복들을 버무려 / 신나게 수다를 풀어내며 / 함께하는 공간에서 / 즐거운 이야기만 내려앉습니다"로 결론짓는다. 즉 수다를 푸는 소통 방법을 통해 너도나도 불안감을 떨치고 위안을 얻게 된다는 의미이다. 다만 이들은 필부필부라서 자본주의의 패러다임에 압도당하고 있는 현대인의 특성까지는 파악하지 못하고 있다.

시 〈카푸치노〉에서도 같은 상황이 재현되고 있다. "침묵의 향에 실린 무례한 목소리 / 그럼에도 위로가 되는 그 목소리"에서 카페가 현대인의 불안감을 해소하는 위안 공간임을 확인한다. 현대인들은 어디서 무엇을 하고 있는지 깨닫지 못하는 경우가 많다. 현대문명에 의해 인간은 철저하게 소외되어 있다는 것을 방증한다. 시인도 "나와 상관없는 곳에서 일어나는 삶의 질서들 / 나와 무관한 오늘에게 왜 그토록 충실한 건지 / 나는 정녕 모르는 거다"라고 독백처럼 넋두리를 늘어놓고 있다. 중요한 것은 카페에서 주문한 카푸치노를 마시는 기능이 무엇인지를 시인이 독자들에게 "전철 역사에 앉아 / 커피를 오래도록 마셔야 했던 그 시간을 / 그는 정녕 모르는 거다"라고 친절하게 설명하고 있다는 점이다.

Ⅲ. 기억과 망각

'추억'이 함께 경험하고 서로 대화하는 방법이라면, '기억'은 말에 근거한 혼자의 경험, 혼자의 독백이 가져온 생각의 틀이라고 할 수 있다. '추억'의 진실성을 부여하기 위해 인간이 만들어낸 방법이 '기록'이다. 아리스토텔레스, 데카르트를 회상하는 것은 모두 문자에 의한 '기록' 덕분이다. 인식의 혁명, 과학혁명의 초석을 다져놓은 데카르트는 추억을 통해 기억을 의심했고, 이후 기억은 추억에 비해 중요성이 약화된다.

하지만 밀레니엄 시대에 들어서면서 미시사가 부각되자 '기억'은 중요한 역사적 증언의 토대가 되고 있다. '기억'은 진정한 '주체성'의 기반이기 때문이다. '기억'은 개인의 활동이다. 이는 왜곡될 가능성이 있다. 이에 비해 '추억'은 연대적 동지나 친구들과의 활동이다. 기억보다는 다소 왜곡될 가능성이 작지만, 이 또한 편견이 될 가능성이 높다. 반면 '역사'는 모두의 활동이다. 물론 역사가 절대적 사실은 아니지만, 최대한 사실에 근거해야 한다는 강박감으로 인해 균형을 잡으려고 노력하게 된다.

기억은 내면으로부터 끓어오르는 감정이라면, 추억은 외부로부터 주입되는 존중의 정서이다. 두 흐름이 만나는 접점에서 기억은 재구성되고, 추억은 축적된다. 이러한 지점에서 인식적, 도덕적 진리에 토대를 둔 역사가 형성된다. 이렇게 형성되는 것이 '역사적 진실'이다. 기억으로서의 개인의 일상생활과 추억으로서 집단적 경험의 모호한 결합이 시공을 초월한 '역사'를 구성하게 된다. 역사와 기억 그리고 정체성 사이의 상관관계는 '인간 문화 예술의 보존 및 전수'와 관련하여 근본적인 층위를 이루게 된다.

니체는 '망각'을 기억의 상실 혹은 부재가 아니라 기억 활동과 기억 발생의 토대가 되는 생산적인 과정이자 역사나 문화에서 '삶이라는 자연적 토대'를 유지해 주는 힘으로 보았다. 기억의 과정과 망각의 과정을 '하나'의 자기 조절 과정으로 통찰하게 될 때, 기억 개념 자체에 대한 가치전도가 일어난다. 망각으로부터 발생하는 기억의 구조는 인간 인식뿐만 아니라 역사와 문화 그리고 가치 등 인간존재 전반의 존속 자체를 보장한다.

시 〈유선전화기〉에서 시인은 기억과 망각의 공존에 대해 인식하고 있다. "그는 오래도록 / 나를 잊었다" 그뿐만 아니라 세월을 핑계로 그와 함께했던 열정과 집착도 무뎌졌다. 무뎌졌다기보다 완전히 소멸했다고 보는 것이 타당할 것이다. 그렇디고 완전히 잊힌 것은 아니다. 망각의 늪에서 침잠해 있다가 불쑥불쑥 기억이라는 도구를 사용하여 현실에 출현한다. 여기에 미련이 남는 것이다. 현실에 등장하는 순간 과거의 이야기들은 스토리텔링이 되어 주마등처럼 파노라마로 묘사된다. 가슴이 아련해지며 현실은 흔들린다. 그것은 현실의 삶 자체에서 모든 것이 멈춰서면서 명명해진다.

"어느 날 그가 나를 찾아냈다 / 단서는 전화번호 / 바꾸지 않은 그 번호를 통해 우리는 재회했다" 잊혔던 인물이 상호 소통의 맥락 안에 들어온 것이다. 동일한 맥락과 상황을 공유했다는 것은 글쓰기의 영역이 아니라 말하기의 영역이다. 말하기의 영역을 강조하는 것은 즉흥성과 순간성을 지닌다는 의미와 초메시지의 사용이 가능하다는 것을 말해 준다. 그만큼 임팩트가 강렬하다. 이는 반성의 되돌아봄을 의미하는 글쓰기의 영역과는 매우 다르다. 순간적으로 사라지고 잊힐 수 있다는 즉흥성의 패러다임이다. 그런 연유로 "낡은 세월 아래 / 열정도 열망도 집착도 우정도 / 전화기처럼 사그라든다 / 전화기가 필요한 사람, 이제 모두 사라져간다"로 결론지어진다. 개인의 기억이 세월의 거리를 뛰어넘어 '재회'라는 단어로 다가왔지만, 곧 한겨울 끓여놓은 뜨거운 물이 금세 식듯이 '단절'은 두 연인 사이를 갈라놓는다.

니체는 『반시대적 고찰』에서 기억은 '밤과 망각의 죽은 바다에 하나의 살아있는 작은 소용돌이'이며, '망각의 바닷속 작은 섬들'에 지나지 않는다고 보았다. 이러한 내용으로부터 아폴론적 기억과 문화의 발생은 망각이라는 디오니소스적 카

오스와 큰 자연의 끊임없는 생성, 즉 힘에의 의지가 영원 회귀와 불가분의 관계에 있음이 설명될 수 있다. 망각의 기능은 전체로서 삶과 자연이라는 생성 과정에 있어서 현재적 순간을 다층적인 통일체로 항상 새로 구성하는 탁월한 능력으로서, 니체적 의미에서의 조형력으로 이해할 수 있다.

시 〈춘몽〉에서는 현실과 괴리되어 있는 꿈에서의 '그대'에 호감을 갖는다. 다만 꿈과 현실에서 격차가 너무나 크다. 꿈속에서의 '그대'는 "젊고 근사합니다" 또 "팔베개 내주는 이입니다" 하지만 현실에서의 '그대'는 "고단한 어른입니다" 그 외에도 '그대'는 "곁을 내주지 못하는 분주한 어른입니다" 이렇게도 편안하지 않고 불성실한 '그대'이지만, 시적 화자는 "그럼에도 그대를 사랑합니다"라고 고백하고 있다. 마음이 움직이니 몸도 따라가고 있다. "봄기운으로, 봄바람으로 그대 꿈속으로 찾아가렵니다"라고 춘몽에서의 재회를 기대하고 있다. 〈춘몽〉에서의 '그대'는 저장소이다. 기억을 배태하고 생산하는 '자연'으로서의 망각은 분명 '힘들이 모여 있는 공간'(Kraft-Magazin)81)이지만, 과거의 소멸과 현재의 생성이라는 운동 속에서 망각의 공간은 구체적인 저장소이다. 그런 까닭에 시적 화자는 "시린 겨울을 담은 이에게 / 봄바람이 전하는 춘몽으로 / 다정하게 찾아가렵니다"고 다소곳하게 속삭인다.

니체는 기억이라는 현상을 과정, 운동, 시간 등의 복합적 작용으로 이루어지는 것이며, 특히 이 하나의 과정에서 매 순간 상보적 차이에 의해 이루어지는 것으로 설명한다. 그런데 이 기억의 발생 과정이 의식이나 의지의 활동이 아니라 몸의 활동을 통한 것이라면, 이 활동은 바로 '소화'라는 유기체적 내적 과정으로 설명된다.

이런 점에서 체험되는 것은 사실 기억되거나, 아니면 '망각'되는 것이 아니라 '소화'되는 것이다. 즉 보관되거나, 아니면 망각되어 사라지는 것이 아니라, 소화되어 기억 속에 녹아들어 있는 것이다. 이런 의미에서 망각은 기억의 부재가 아니다. 다시 말해 기억이라는 지적 작용이란 의식 이전의 활동, 소화되고 동화되는 과정에서 이루어지는 것이다.

시인의 시 〈휴대폰〉에는 과거-현재-내일로 이어지는 시간의 흐름에 대한 통찰력이 담겨 있다. 과거의 삶은 "눈물 나게 힘들었던" 삶이었고, "그날의 한숨"이었다고 증언한다. 그만큼 어렸을 적에는 가난으로 점철된 삶이었다. 다만 시인은 추억과 기억을 혼동하고 있다. "어제의 삶은 추억이라 해요 / 삶이 허락된 오늘을 저장해요"라고 말하고 있는데, 여기서 추억은 집단적 연대나 공유의 역사가 아니라 개인사이므로 '기억'이라고 해야 옳다. 망각은 기억의 적대자나 반대자가 아니다. 망각은 기억의 조력자이다.

앞서도 언급한 것처럼 망각이라는 바다에 떠 있는 섬 같은 것이 바로 기억이다. 시적 화자는 휴대폰을 만지작거리다가 우연히 옛 사진이나 이미지 또는 저장된 문자를 보게 되었을 것이다. 그러한 촉발 요인에 의해 오래전 기억이 되살아나게 된 것이다. 망각은 기억의 최대 조력자이자 기억의 생산력이다. 기억은 망각의 적극적 기능을 통해서, 그리고 이를 토대로 하여 일어나는 것이다.

시적 화자는 "아무것도 아닌 멍한 날 / 저장된 연락처의 주인들에게 / 틈새 안부를 묻는 중이에요"라고 툭 내뱉는다. 시인은 아주 멍한 날 과거에 친했던 인물의 이름을 불쑥 접하고 틈새 안부도 묻고, "오늘에야 전하는 긴한 안부"도 전한다고 토로하고 있다. 앞서 얘기한 것처럼 유기체의 영역에서 [전통적 의미에서의] 망각이란 없다. 그보다는 체험한 것의 소화 활동이 일어난다고 할 수 있다. 경험한 것을 소화하는 과정 및 힘으로서의 '기억'은 항상 현재에서 작동하여 상기를 구성하는 작용이므로, 이때 망각은 기억의 최대 조력자이다. 기억은 망각의 적극적 기능을 통해서, 그리고 이를 토대로 하여 일어나는 것이다. 이러한 망각과의 관계를 통해 기억은 철저히 디오니소스적, 아폴론적 이중 구조를 이루고 있다. 즉 이 관계의 구조는 결코 대립적이지 않으며, 원인-결과의 인과적 구조도 아니다. 또 단순히 공간적이고 정체적인 상으로서

가 아니라, 유기체적 운동과 생산력 자체가 시간 속에서 전개되는 과정의 내적 구조로 파악될 수 있다. 해석 작용, 선택 작용, 소화 활동, 구성화 등 자기 생산 과정이 그 계기로 포함된 망각과 기억의 이중적 구조 속에서 일어나는 것이다. 시인의 시에서 과거의 힘난했던 삶이 망각과의 유기적인 기능에 의해 기억을 통해 오늘의 삶에 비집고 들어올 수 있었던 요인은 기억이라는 것이 디오니소스적 망각 활동으로부터 '형식'으로 '형성'된 것, 가장 표면적인 현상, 즉 아폴론적인 '형식'이며, 내적 과정이자 그 통합으로서 망각의 필수적인 작용과 역할 없이는 기억이 발생하지 못하기 때문이다.

과거의 삶에서 "눈물 나게 힘들었던 하루"가 오늘의 삶에서 "오늘 제대로 살아야 해요"로 바뀌었다가 다시 내일의 삶에서 희망 섞인 "더욱 좋아지겠지요"로 전환될 수 있는 것은 기억의 주된 기능이 망각하는 데 있기 때문이다. 되찾은 기억이란 망각의 귀환 역시 확인해 준다. 기억이란 항상 망각과 상기의 합작품, 공동작품이다. 상기와 기억을 이런 점에서 구별한다면, 기억과 망각은 하나이다. 아폴론적인 것과 디오니소스적인 것의 관계가 그렇듯이, 기억과 망각은 자신의 삶을 위해 '기능적'으로 나누어진 것일 뿐이다. 이 때문에 니체의 사유에서 망각으로부터 기억이라는 현상이 발생하는 구조는 끊임없는 생성 속에서 과정 자체를 존속하게 하는 원리와 같은 것으로서 고찰될 수 있다.

따라서 진정한 망각은 좁은 의미의 이성이라는 개념 안에 포함될 수 없는 다른 모든 것과 같은 의미에서의 비이성이 아니다. 심지어 가령 프로이트적 의미에서 억압된 것, 부정된 것 등과도 구별되어야 할 것이다. 일시적으로 억압되어 있다가 다시 되찾아져 자아에게 되돌려지는 의식으로서의 기억이 아니라 결코 사라지지 않는 것, 즉 영원히 망각인 것이며, 그럼으로써 생명의 모태가 되는 죽음이나 자연 자체와 같은 것이다. 망각은 망각된 적이 없고, 망각은 사라지지 않는다. 더 정확히 말하면 망각은 오히려 끊임없이 망각됨으로써 존재한다. 니체가 망각을 중시하고 '되찾은 기억'이란 망각의 귀환을 강조하는 이유를 알게 된다. 기억이란 망각과 상기의 합작품, 공동작품임을 다시 한번 확인하게 된다.

Ⅳ. 생태학적 일상과 가족

생태시 〈늙은 오이〉는 시아버님께서 건네준 늙은 오이 두 덩이를 손질해서 예전 할머니가 해준 노각무침을 만들어 가족들의 식탁에 올려놓는 이야기이다. '노각무침'이란 반찬 자체가 감칠맛을 준다. '노각무침'은 요즈음 시점에서 보면, 좋은 반찬거리가 아니다. 생선 자반도 아니고, 불고기, 스테이크 등 육식도 아니다. 말 그대로 자연식품. 자연식품 중에서도 채소인 오이, 오이 중에서도 늙은 오이를 소재로 만든 반찬이다. 예전에는 오이를 따지 않고 오래된 오이를 노과라 하고 '노각오이'라고도 했다. 하지만 지금은 노각오이라는 새로운 품종으로 개발되어 아예 노각오이로서의 영양과 용도를 달리하고 있다. 일반적으로 조선오이는 오이소박이나 무침 등 일반 반찬으로 주로 활용되지만, '노각오이'는 주로 장아찌용이나 여름에 물오이로 주로 많이 사용된다. 영양적인 측면에서 큰 차이는 없으나 조선오이가 비타민C가 풍부한 데 반해, 노각은 약 90%의 수분에 칼슘, 칼륨, 각종 미네랄이 풍부한 것으로 알려져 있다.

   시 〈늙은 오이〉에서 노각무침은 할머니에 대한 기억이 소록소록 배어 있는 별미이다. "시아버님께서 건네주시는 채소들은 / 거칠고 억세어 여러 번 손질해도 / 먹기엔 그리 마땅치 않은 터지만"에서 잘 표현되어 있지만, 늙은 오이는 마치 대가족을 위해 헌신하고 봉사한 할머니의 손같이 거칠고 억세다. 그래서 늙은 오이를 손질하다 보면 정겨운 할머니의 음성이 들리는 듯하다. 시적 화자는 늙은 오이의 "하얀 속살을 소금에 절인 후 / 고추장 양념으로 무쳐내어 / 할머니의 손맛을 흉내" 내보면서 이제는 저세상에 계신 할머니를 생각해 보게 된다. 하얀 속살이 건네는 새콤한 맛은 노곤한 일상에서 생기를 돋게 하는 원동력이 되기 때문이다.

  대체로 생태 의식을 일깨우고 생태학적 세계관을 보여주는 문학이라면 일단 문학 생태학의 테두리에 넣는다. 이러한 기준으로 볼 때 권현숙의 「늙은 오이」는 대표적인 문학 생태학의 범주에 들어가며 녹색시, 환경시, 생태시로 불려도 무방하다. 생태주의는 지구 생태계가 부분과 전체, 개체와 환경이 서로 깊이 연결된 유기체적 통일이라는 사실에 깊이 뿌리를 박고 있다. 생태주의 학자인 배리 코모너는 생태주의 원칙으로 네 가지를 제시했다. ①모든 생물은 다른 모든 생물과 서로 깊이 연결되어 있다. ②모든 것은 어디론가로 자리를 옮길 뿐 이 세계에서 없어지는 것은 아무것도 없다. 하나의 분자에서 다른 분자로 그 모습을 바꾸어 생물체 안의 생명 과정에 영향을 끼치면서 모든 것은 다만 한 장소에서 다른 장소로 옮겨갈 따름이다. ③자연이 좀 더 잘 알고 있다. 즉 현재 생물의 조직 또는 자연 생태계의 구조는 엄격하게 선별되어 이루어진 것이기 때문에 어떠한 새로운 조직이나 구조도 현재의 그것보다 더 낫지 않다는 의미에서 가장 최선의 상태에 있다. ④내가를 지불하지 않고서 얻어지는 것이라고는 아무것도 없다. 코모너의 생태주의의 원칙은 시인의 시에서도 그대로 작용하고 있다.

생물 평등주의는 생태주의에서 아주 중요한 위치를 차지한다. 늙은 오이나 보통 오이나 같은 생물이므로 평등한 지위를 누린다. 다만 인간의 입맛만이 변덕스러울 뿐이다. 거친 소재라 하더라도 할머니의 손을 거칠 때 감칠맛이 난다. 지금 할머니는 살아계시지 않는다. 하지만 "②모든 것은 어디론가로 자리를 옮길 뿐 이 세계에서 없어지는 것은 아무것도 없다"의 원칙을 지키고 있다. 할머니는 자연의 일부가 된 것이다. 이러한 생태주의의 특성을 잘 꿰고 있는 시인은 "여름 내 그럭저럭 잘 견뎌낸 / 묵직한 오이처럼 / 수분 가득 오이 속살처럼 / 삶 또한 그리 살아내기로 한다"고 다짐한다. 시인은 생태주의자로 변신한 것이다.

시 〈짠 냄새 지우기〉와 〈엄마의 콩국수〉는 시인 자신과 가족의 가난한 일상을 생동감 있게 표현한 시이다. 자본주의 사회에서 누가 가난을 좋아하겠는가? 하지만 어린 시절 가난에 절었던 시적 화자는 그것을 떨쳐버리기 위해 몸부림을 치지만 그것은 일상화되고 체질화되어 간다. "궁핍으로 답답했던 날들은 / 지우고 싶은 과거들이었다 / 땀으로 절어진 궁핍은 기억조차 싫었다"고 진저리를 친다. 그러나 그것은 쉽게 떨쳐지지 않고 시적 화자의 유년시절-청년시절을 엄습한다. 그래서 중장년, 노년이 된 지금 비누로 말끔하게 짠 소금내를 씻어낸 "풋풋한 살 내음을 가진 / 가난하지 않은 삶으로 살아내고 싶다"고 마음의 소원을 표현한다.

　시 〈엄마의 콩국수〉에서는 음식을 통한 가난한 일상과 가족의 유대감을 묘사하고 있다. 콩국수는 친구와 '나' 사이에 소통의 도구였다. 콩국수는 주로 엄마가 생일날 만들어주었기 때문에 친구들이 모여 그것을 먹으면서 수다를 풀 수 있었다. "콩국수 생일상 / 부끄럽지 않았으나 / 고달픈 엄마의 콩국수는 싫었다"고 고백하고 있다. 가난의 상징인 콩국수라서 어린 시절인 당시에는 시적 화자에게 너무나도 싫었던 것이다. 하지만 나이를 들고 보니 엄마의 정성이 담긴 콩국수는 "세상에 제일 맛있기도 했던" 별미였다고 회상했다. 노르웨이의 과학 철학자 네스(Arne Naess)는 인간중심주의의 자연 지배적인 세계관을 지목하고 그 대안으로 생태중심주의를 주장했다. 생태주의의 핵심은 인간과 동식물, 돌과 광물들을 비롯한 모든 요소들의 가치가 존중되어야 한다는 것이다. 생태주의는 식물과 동물, 무기체와 유기체, 삶과 죽음 등, 서로 배반(背反)적으로 보이는 것들이 실제로는 긴밀하게 연결되어 있다는 일원론적 세계관에 근거한다. 살아있는 동식물과 무생물 요소들을 포함한 모든 환경 전체는 그 자체로서 의미와 가치가 있다. 그러나 이러한 연결고리를 인식하지 못한 일부 인간의 욕망과 탐욕은 생태계를 점점 더 위협한다. 근본 생태론자들의 생명에 대한 핵심적 인식은 인간과 자연 간의 어떠한 경계도 존재하지 않는다는 것이다. 시인이 입에 담은 '콩국수'는 식물을 소재로 한 자연식이다. 육식을 선호하는 현대인들이 다이어트를 위해 먹는 음식이다. 〈엄마의 콩국수〉에서는 '콩국수'가 굶주림과 가난을 상징하는 데 비해, 육식은 포만감과 풍족함을 상징한다. 시인의 시에서 육식으로 된 음식은 거의 등장하지 않는다. 그것은 어린 시절의 빈곤과 연관성이 있을 것이다. 앙상하게 여윈 가족을 위해 헌신하는 엄마와 '콩국수'는 연관성이 깊다. 엄마의 손맛과 정성은 죽어가는 생명체에게 온기를 불어넣고 생명성을 되살려준다. 자식들에게 삶의 의미를 복원시켜 주고 생존의 소중함을 알려주는 것이 바로 '생명성'의 요체인 것이다.

〈명절 이야기〉에서는 가부장적 대가족제도의 모순과 갈등 양상을 적나라하게 보여준다. 명절 하면 가족들이 오랜만에 다 같이 모여 음식을 만들고 웃음꽃을 피우며 담소를 나누는 모습을 떠올린다. 하지만 시인의 시에서 그러한 풍경은 찾아보기 어렵다. "결혼이라는 이유가 아니면 / 평생 스치지 않았을 그녀들이 / 동서지간이 됩니다"라고 서두를 풀어놓는다. "시집이라는 공간은 / 집채만 한 힘겨운 이유로 / 그녀들을 실망하게 합니다 / 이유 없이 버거운 시집에서 / 자매가 아닌 동서로 / 그녀들은 부속품처럼 존재합니다"라고 마음속에 담고 있는 아픔과 쓰라림의 과거를 털어놓는다. '명절의 노동'

이 가부장 사회에서 여성들에게 얼마만 한 상처를 안겨주는가를 극명하게 보여준다.

  생태주의의 한 분파인 생태여성주의는 페미니즘이 번성하면서 점차 힘을 얻어가게 된다. 생태여성주의자들은 가치 차등주의, 도구주의, 이원론에 반론을 제기한다. 생태여성주의에서는 여성문제와 환경 문제 등 다양한 억압 관계들을 연결하는 공통의 연결고리를 가부장적 세계관과 그것의 인식론적 토대인 가부장적 이원론에서 찾는다. 사회적 체계 안에서 남성과 여성의 지배관계, 인간과 자연에 대한 지배가 가부장적 이원론이라는 동일한 근원을 지니고 있다는 것이다. 여성의 범주는 생명의 잉태와 출산을 담당하는, 자연과 유사한 범주를 갖는다. 이는 가부장제가 확립되면서 여성의 가치가 출산과 양육을 중심으로 남성에게 지배와 보살핌을 받는 위치로 전락하게 되었다는 것을 뜻한다. 생태여성주의자들은 생태와 인간 중심적인 생산 영역을 가부장제에서 떼어내고 '생존의 관점'이라는 새로운 가치 평가의 기준에서 여성성을 적극적으로 재해석하고자 했다. 시인의 가치관에도 이러한 생태여성주의적 세계관이 스며들어 있다. 한국 사회의 가부장제에서 "그녀들이 살아낸 삶의 그늘은 / 울타리라고 믿고 있는 관계에서 / 깊은 상처로 남습니다 / 동서지간인 그녀들은 / 고단한 명절의 노동을 / 가족이라는 이유로 기꺼이 해내고 / 그냥 웃고 넘깁니다"라고 신랄하게 비판하고 있다.

생태여성주의는 자연과 인간 사이의 위계를 지양하고, 자연과 환경 그리고 평화 등 다양한 방면에서 인간과의 상호 의존성과 연관성을 재발견하고자 한다. 이러한 새로운 발견은 삶의 영적(spiritual) 차원에서부터 시작되는데, 상호 연관성에 대한 깨달음은 관념론적인 방식으로 이해가 된다. 이는 여성이 가지고 있는 생명에 대한 감수성과 삶에 대한 친밀성, 자연의 동일성을 추구한다. 시인도 이러한 세계적인 흐름에 동참한다. "예전에 사랑했고 여전히 사랑하고 / 내일도 사랑할 가족이기에 / 우리가 사랑하는 이유입니다 / 명절은 가족의 질긴 연민을 / 감내할 이유와 위로에 기대어 / 더 나은 삶이 무엇인지 고민하게 합니다"라고 희망적 속내를 드러내 보인다. 급속한 개선은 어렵더라도 지속 가능한 진보에 기대고 있다. 여성에게 인내만이 능사가 아닐 터인데라는 아쉬움이 남는다.

부이어연가

초판 1쇄 발행 2025년 4월 10일

지은이·발행	권현숙
책임편집	우공식
그 림	권명숙
교 정	신희정
편집제작	반도기획출판사 디자인팀
	서울시 중구 퇴계로37길 11, 301호
	TEL : 02)2272-4464
	FAX : 02)2278-6068
	E-mail : bando4465@korea.com
출판등록	2011년 11월 16일 신고번호 제301-2011-209호
ISBN	979-11-988237-2-4
정가	15,000원

이 책은 저작권법에 따라 보호받는 저작물이므로 무단전재와 무단복제를 금합니다.